Nordrhein-Westfälische Akademie der Wissenschaften

Geisteswissenschaften Vorträge · G 335

Herausgegeben von der
Nordrhein-Westfälischen Akademie der Wissenschaften

PAUL MIKAT

Die Judengesetzgebung der merowingisch-fränkischen Konzilien

Westdeutscher Verlag

379. Sitzung am 14. Dezember 1994 in Düsseldorf

Die Deutsche Bibliothek – CIP-Einheitsaufnahme

Mikat, Paul:
Die Judengesetzgebung der merowingisch-fränkischen Konzilien / Paul Mikat. – Opladen: Westdt. Verl., 1995
(Vorträge / Nordrhein-Westfälische Akademie der Wissenschaften: Geisteswissenschaften; G 335)

ISBN 978-3-531-07335-4 ISBN 978-3-322-88222-6 (eBook)
DOI 10.1007/978-3-322-88222-6

NE: Nordrhein-Westfälische Akademie der Wissenschaften ‹Düsseldorf›: Vorträge / Geisteswissenschaften

Der Westdeutsche Verlag ist ein Unternehmen der Bertelsmann Fachinformation.

Herstellung: Westdeutscher Verlag

Konrad Repgen
d. d. d.

Wenn in den quellenmäßig insgesamt gut dokumentierten Beschlüssen der Synoden des vierten und fünften Jahrhunderts *„die Juden nur ganz selten erwähnt werden“*[1], so zeigt das, daß sich erst verhältnismäßig spät (– und in nachkonstantinischer Zeit weitgehend in Anlehnung an die vorangehende kaiserliche Gesetzgebung –) eine kirchliche Judengesetzgebung entwickelt hat.

Im vierten Jahrhundert nahmen nur das Konzil von Iliberis (ca. 306)[2] und eine nach 343 entstandene (– wohl fälschlich als Konzil von Laodicea bezeichnete –) kanonische Sammlung[3] zu Fragen Stellung, die das Verhältnis zu den Juden betrafen. Im fünften Jahrhundert befaßten sich mit solchen Fragen im Osten des Imperiums das Konzil von Chalcedon von 451 und im Westen eine Synode gallischer Bischöfe, die zwischen 461 und 491 im bretonischen Vannes

1 H. L. LANGENFELD, Christianisierungspolitik und Sklavengesetzgebung der römischen Kaiser von Konstantin bis Theodosius II. (Antiquitas, Reihe 1, Abh. zur Alten Geschichte, hrsg. von A. Alföldy u. J. Straub, Bd. 26), Bonn 1977, S. 54. Mit Blick auf die Konzilien des 4. Jahrhunderts stellt J. PARKES, The Conflict of the Church and the Synagogue. A study in the origins of antisemitism, 3. Aufl., New York 1977 (1. Aufl., London 1934), S. 174, zutreffend fest: „*They* (sc. the councils of the fourth century) *were only incidentally interested in the Jews. There is at first no attempt to use conciliar action for actual restrictions upon the internal life of the Jewish communities. The interest of the councils is only in Jewish Christian relationships, and they thereby reveal how close those relationships were*“. *„The eastern councils suggest even closer relations than the canons of Elvira, and presuppose very definite 'judaising' tendencies among those who, because they were amenable to orthodox conciliar jurisdiction, cannot have been definitely heretics. ... These regulations* (sc. the canons of the eastern councils) *taken together certainly leave a very strong impression that even in the fourth century there were not only Judaic practices in the Church of Asia, but that there was actual religious fellowship with the Jewish inhabitants*“, ebd., S. 175f. Insgesamt gilt für die Konzilien des 4. und 5. Jahrhunderts, daß sie sich nur mit dem *„religious and social contact between Jews and Christians*“ (ebd., S. 177) befaßten.

2 Vgl. J. ORLANDIS / D. RAMOS-LISSON, Die Synoden auf der Iberischen Halbinsel bis zum Einbruch des Islam (711) (Konziliengeschichte, hrsg. von W. Brandmüller, Reihe A: Darstellungen), Paderborn-München-Wien-Zürich 1981, S. 3ff.

3 Vgl. J. GAUDEMET, Les Sources du droit de l'Église en Occident du IIe au VIIe siècle, Paris 1989, S. 75, Anm. 1.

tagte, ferner die um 400 zu datierenden sogenannten *Canones Apostolorum*[4] sowie die wahrscheinlich von dem aus Marseille stammenden Presbyter Gennadius verfaßten *Statuta ecclesiae antiqua* aus der zweiten Hälfte des Jahrhunderts[5].

Ein recht gegensätzliches Bild ergibt sich für die beiden folgenden Jahrhunderte aus den merowingisch-fränkischen Synodalakten des sechsten und siebten Jahrhunderts und namentlich aus den Konzilsbeschlüsssen der westgotischen Konzilien vom Dritten Toletanum, auf dem 589 die Konversion der Westgoten zum Katholizismus feierlich vollzogen wurde, bis zum Ende des Westgotenreiches zu Beginn des achten Jahrhunderts. Von einer nennenswerten kirchlichen Judengesetzgebung (– die dann bei der Ausbildung eines kirchlichen Judenrechtes innerhalb des mittelalterlichen Kirchenrechtes bereits deutliche Spuren hinterlassen hat[6] –) kann eigentlich erst seit dieser Zeit gesprochen werden.

[4] Vgl. GAUDEMET, Les Sources, S. 24ff.

[5] Vgl. GAUDEMET, Les Sources, S. 84ff.; B. ALTANER / A. STUIBER, Patrologie. Leben, Schriften und Lehre der Kirchenväter, Freiburg-Basel-Wien 1993 (= Sonderausgabe der Ausg. 1978), S. 474. – Keine Erwähnung finden die Juden auf den gallischen Konzilien des 4. und der ersten Hälfte des 5. Jahrhunderts. „*A cette époque, leurs rapports avec la hiérarchie catholique paraissent excellents, comme en témoigne le récit des obsèques de saint Hilaire d'Arles en 449, où l'on voit les Juifs en grand nombre accompagner le dépouille mortelle de l'évêque, avec larmes et gémissements*", J. COURREAU, Saint Césaire d'Arles et les Juifs, in: Bulletin de littérature ecclésiastique 71 (1971), S. 93. – „... *ad exsequias venerandas non solum fidelium, sed etiam Judaeorum concurrunt agmina copiosa: omnium lacrymae invicem se superare certabant. Deficiente voce, gemitus increscebant. Hebraeam concinentium linguam in exsequiis honorandis audisse me recolo*", Vita s. Hilarii, MIGNE, PL 50, Sp. 1242f. – Zu den Kanones der *Statuta ecclesiae antiqua*, die sich mit den Juden befassen, auf die wir in unserem Zusammenhang aber nicht näher einzugehen brauchen, vgl. COURREAU, a.a.O., S. 93f.

[6] Mit F. LOTTER, Zur Ausbildung eines kirchlichen Judenrechts bei Burchard von Worms und Ivo von Chartres, in: Antisemitismus und Jüdische Geschichte, in: Studien zu Ehren von Herbert A. Strauß, hrsg. von R. Erb und M. Schmidt, Berlin 1987, S. 70, ist hierbei darauf hinzuweisen, daß von der Kirche erlassenes Recht „*im Prinzip christliches Recht, d.h. für Christen gültiges Recht* (ist). *Andersgläubige, also hier Juden, könnten demnach eigentlich nur in den Beziehungen erfaßt werden, in denen die Christen zu ihnen stehen. Dieses Prinzip ist freilich schon früh durchbrochen worden. Schon das spätrömische Kaiserrecht, das in eigenen Abschnitten auch das Kirchenrecht einschloß, hat in diesem Rahmen auch für die jüdischen Bürger Recht gesprochen, so daß von hier aus rein repressive Satzungen in das mittelalterliche Kirchenrecht übergingen. Darüberhinaus sind Erlasse fränkischer und vor allem westgotischer Könige von fränkischen und westgotischen Konzilien aufgenommen worden oder haben deren Beschlüsse weitgehend beeinflußt*". Vgl. DERS., Die Juden im Kirchenrecht des Mittelalters. Bericht über neuere Literatur, in: Aschkenas.

Im folgenden beschränken wir uns auf die Judengesetzgebung der merowingisch-fränkischen Konzilien, fragen vornehmlich nach Genese und Inhalt der einzelnen kirchlichen Bestimmungen, wenden uns also nur einem (– freilich gewichtigen –) Teilbereich der vielschichtigen Bedingungen zu, die die tatsächliche, die gesellschaftliche, wirtschaftliche und rechtliche Stellung der Juden im Merowingerreich bestimmten. Damit ist gleich vorweg gesagt, daß der Blick auf die Judengesetzgebung der Konzilien kein Gesamtbild von der Stellung der Juden vermitteln kann[7].

Unter Einbeziehung des Konzils von Epaon, zu dem sich 517 die Bischöfe des 533/34 dem regnum Francorum eingegliederten Burgunderreiches versammelten, verabschiedeten insgesamt neun der über sechzig[8] (– ihrem Charakter als Gesamtreichs-, Teilreichs- oder Provinzialsynoden entsprechend unterschiedlich gewichtigen –) Kirchenversammlungen der Merowingerzeit Kanones, die sich mit den Juden befassen.

Neben dem Erlaß bestimmter, nur für Juden geltender Verhaltensvorschriften verbieten die insgesamt sechszehn einschlägigen Kanones die Mischehen zwischen Juden und Christen und die Bekleidung von öffentlichen Ämtern durch Juden, ferner die Tischgemeinschaft von Klerikern und Laien mit Juden. Schließlich finden sich umfangreiche Bestimmungen über die Sklaven der Juden.

Zeitschrift für Geschichte und Kultur der Juden 1 (1991), S. 161-172. Vgl. auch F. BATTENBERG, Art. Judengesetzgebung, in: Neues Lexikon des Judentums, hrsg. von J.H. Schoeps, Gütersloh-München 1992, S. 240.

7 Vor allem bedürfen unsere aus den kirchlichen Rechtsquellen vorgestellten Befunde der Ergänzung durch die von historiographischen Quellen (– aber auch von theologischen Werken, von Briefen und Viten –) überlieferten Nachrichten über die jüdische Bevölkerung.

8 Vgl. O. PONTAL, Die Synoden im Merowingerreich (Konziliengeschichte, hrsg. von W. Brandmüller, Reihe A: Darstellungen), Paderborn-München-Wien-Zürich 1986, deren „*Chronologische Liste der Konzilien*" (S. 307) 62 Bischofversammlungen enthält.

I.

Erstmalig nahm im Jahre 533 das zweite Konzil von Orléans eine die Juden betreffende Bestimmung auf. Diese zweite merowingisch-fränkische Reichssynode trat *„ex praeceptione gloriosissimorum regum"*[9], das heißt der drei überlebenden Söhne Chlodwigs (– Childeberts I., Chlothars I. und Theuderichs I. –), unter die das Reich geteilt worden war, zusammen. Nach 22 Jahren voller kriegerischer Auseinandersetzungen und der damit verbundenen Verrohung der Sitten, die seit der Einberufung des ersten fränkischen Gesamtkonzils durch Chlodwig am gleichen Ort vergangen waren, schien es den staatlichen und kirchlichen Instanzen nach Ausweis der die Konzilsbeschlüsse einleitenden Bemerkungen gleichermaßen angeraten zu sein, auf die alten Vorschriften hinzuweisen, neu aufgetretene Zweifelsfälle auszuräumen und unter Hinzuziehung alter kanonischer Bestimmungen für die Zukunft geltende Regeln festzuschreiben[10]. In seinem c. 19 verfügte das Konzil: *„Kein Christ darf eine Jüdin und kein Jude eine Christin heiraten, da wir Heiraten zwischen Personen dieser Art für unerlaubt erachtet haben. Wer trotz Aufforderung, diese Gemeinschaft aufzulösen, säumt, ist ohne weiteres zu exkommunizieren"*[11].

[9] S. die folgende Anm.

[10] *„Cum ex praeceptione gloriosissimorum regum in Aurilianensem urbem*(sic) *de obseruatione legis catholicae tractaturi Deo auxiliante conuenimus ibique, quid de antiquis regulis, quid de nouis ambiguitatibus pro captu intelligentiae inluminante Domino senserimus, expressimus, singillatim discriptisque constitutionibus, quae Deo propicio in posterum sint obseruanda, ex ueterum canonum auctoritate conscripsimus"*, ed. C. DE CLERCQ, Concilia Galliae A. 511 – A. 695 (Corpus Christianorum, Series Latina CXLVIII A), Turnholti 1969, S. 99, Z. 1–4.

[11] *„Placuit, ut nullus Christianus Iudeam neque Iudeus Christianam in matrimonio ducat uxorem, quia inter huiusmodi personas illicitas nuptias esse censuimus. Qui si commoniti a consortio hoc se separare distullerint, a communiones sunt gratia sine dubio submouendi"*, ed. DE CLERCQ, S. 101. – Übersetzung von H. SCHRECKENBERG, Die christlichen Adversus-Judaeos-Texte und ihr literarisches und historisches Umfeld (1.-11. Jh.) (Europäische Hochschulschriften, Reihe XXIII: Theologie, Bd. 172), Frankfurt a. M. – Bern 1982, S. 396.

Die in Orléans versammelten Bischöfe konnten sich bei dem Verbot christlich-jüdischer Mischehen sowohl auf das kirchliche wie das weltliche Recht berufen. Bereits das Konzil von Iliberis, das ca. 306, also noch vor der offiziellen Duldung der christlichen Religion durch den römischen Staat, in der hispanischen Provinz Baetica tagte, hatte es orthodoxen Eltern verboten, ihre Töchter Juden und Häretikern zur Ehe zu geben, weil, wie der c. 16 begründet, *„es keine Gemeinschaft einer Gläubigen mit einem Ungläubigen geben kann"*. Für einen Verstoß gegen das Verbot wurde eine fünfjährige Exkommunikation angedroht[12].

Daß das Verbot jüdisch-christlicher Mischehen *„keine gezielte judenfeindliche Maßnahme darstellt"*[13], folgt einmal daraus, daß es zusammen mit dem Verbot der Ehe zwischen Häretikern und orthodoxen Frauen genannt und mit der gleichen Strafe belegt wurde, zum andern zu dieser Zeit auch die jüdischen Rabbiner solche Ehen verboten[14]. Wenn das Konzil von Iliberis für

[12] *„XVI. De puellis fidelibus ne infidelibus coniungantur. Haeretici si se transferre noluerint ad ecclesiam catholicam, nec ipsis catholicas dandas esse puellas; sed neque Iudaeis neque haereticis dare placuit eo quod nulla possit esse societas fideli cum infidele. Si contra interdictum fecerint parentes, abstineri per quinquennium placet"*, edd. G. MARTINEZ DIEZ / F. RODRIGUEZ, La Colección Canónica Hispana, Volumen IV: Concilios Galos, Concilios Hispanos: Primera Parte, Madrid 1984, S. 247. – *„Wenn Ketzer sich noch nicht der katholischen Kirche (wieder) anschließen wollen, darf man ihnen keine katholischen Mädchen (zur Ehe) geben, aber weder Juden noch Ketzern darf man sie geben, weil ein Gläubiger mit einem Ungläubigen keine Gemeinsamkeit haben kann. Gegen das Verbot handelnde Eltern müssen fünf Jahre lang exkommuniziert leben"*, SCHRECKENBERG, a.a.O., S. 248.

[13] LANGENFELD, a.a.O., S. 56, der als Begründung dafür den Umstand anführt, daß im Zusammenhang der Bestimmungen des Konzils von Iliberis das Interdikt der Ehe zwischen christlichen Frauen und Juden erst an dritter Stelle, das heißt nach der bereits in c. 15 desselben Konzils ausgesprochenen Mißbilligung der Ehe zwischen christlichen Mädchen und Heiden und dem ebenfalls in c. 16 verfügten Eheverbot zwischen Häretikern und orthodoxen Christinnen, angeführt werde. Abgesehen davon, daß sich das besagte Verbot schon an zweiter Stelle findet, ist diesem Argument entgegenzuhalten, daß die verschiedenen Beratungsbeschlüsse, wie sie die Akten des Konzils überliefern, eine Anordnung der verschiedenen Materien nach inhaltlicher Gewichtung oder sachlichen Kriterien nicht erkennen lassen. Vgl. ORLANDIS / RAMOS LISSON, a.a.O., S. 9. SCHRECKENBERG, a.a.O., S. 248, betont, daß *„dieses Mischehenverbot, das übrigens auch von jüdischer Seite aus galt, ... keine besondere antijüdische Zielrichtung"* hatte, sondern *„aus pastoraler Sorge die Gläubigen vor Glaubensanfechtungen durch Nichtchristen ... bewahren"* wollte.

[14] Vgl. M. AVI-YONAH, Geschichte der Juden im Zeitalter des Talmud (Studia Judaica. Forschungen zur Wissenschaft des Judentums, hrsg. von R.-L. Ehrlich, Bd. II), Berlin 1962, S. 156 u. 176, der bemerkt, daß *„in der gemischten Gesellschaft des vierten Jahrhunderts eine Trennung der Gläubigen verschiedener Religionen schwer durchführbar* (war*), und erst mit der Schaffung einer einheitlichen christlichen*

die in seinem c. 15 ebenfalls untersagte Ehe einer Christin mit einem Heiden keine Strafe festlegte[15], dann wird aus der Strafandrohung deutlich, daß man die Ehe mit einem Juden und einem Häretiker als einen gravierenderen Verstoß betrachtete. *„Anscheinend befürchtete man"*, wie MICHAEL AVI-YONAH meint, *„den schädlichen Einfluß dieser Art von Mischehen auf den gläubigen Teil weniger"*[16]. Bei einem Heiden dürften die Chancen, ihn zum Christen zu bekehren, größer gewesen sein als bei einem Juden. Zudem konnte die Ehefrau eines Heiden Christin bleiben, möglicherweise ihren Gatten gar zum Christentum bekehren, wohingegen die Juden bisweilen ihre Ehefrauen überredeten, zum mosaischen Glauben zu konvertieren, oder doch zumindest sie dazu bewegten, die jüdischen Gebräuche zu beachten, und sie so ihrem früherem Glauben entfremdeten[17]. Der Übertritt von Frauen zum jüdischen

Gesellschaft diese Beschlüsse der Konzilien zu Präzedenzfällen für die Isolierung der Juden in den Ghettos (wurden)" (S. 156). – CH. VOGLER, Les Juifs dans le Code Théodosien, in: J. Le Brun (Hrsg.), Les chrétiens devant le fait juif. Jalons historiques (Le Point Théologique 33), Paris 1979, S. 51f., meint: *„Bien que défendues par la loi juive, ce genre de mariages ne devait pas être rare, surtout à Antioche où le mouvement judaïsant était assez fort en milieu chrétien. Le droit romain les avaient jusqu'alors autorisés à condition évidemment que la condition sociale des deux conjoints le permit"*.

15 *„XV. De coniugio eorum qui ex gentilitate ueniunt. Propter copiam puellarum gentilibus minime in matrimonio dandae sunt uirgines Christianae, ne aetas in flore tumens in adulterio animae resoluatur"*, edd. MARTINEZ DIEZ / RODRIGUEZ , S. 247.

16 A.a.O., S. 156.

17 *„La raison de cette différence* (sc. Straffreiheit bzw. fünfjährige Exkommunikation) *est évidente: il y avait probablement plus de chances de gagner les païens au christianisme que les Juifs. L'épouse d'un païen pouvait rester chrétienne ou même réussir à convertir son mari, tandis que les Juifs persuadaient parfois leurs femmes de se convertir ou, du moins, leur faisaient observer des coutumes juives, les éloignant ainsi de leur fois première"*, B.-Š. ALBERT, Un nouvel examen de la politique anti-juive wisigothique. A propos d'un article récent , in: Revue des Études Juives 135 (1976), S. 6f. – Auch die Meinung von A. LINDER, Christlich-Jüdische Konfrontation im kirchlichen Frühmittelalter, in: Kirchengeschichte als Missionsgeschichte, Bd. II,1: Die Kirche des früheren Mittelalters, hrsg. von K. Schäferdiek, München 1978, S. 423, dürfte der historischen Realität nahe kommen: *„Obwohl beide Religionen geschlechtliche und eheliche Beziehungen zwischen Juden und Christen scharf verurteilten, zeigen unsere Quellen, daß solche Fälle viel häufiger waren, als man angesichts der Verbotsvorschriften annehmen möchte. Das wirkliche Ausmaß dieser Erscheinung zeigt sich in der ständigen Beschäftigung des kanonischen Rechtes und der Halacha mit solchen Fällen sowie einer Anzahl von"* (– allerdings erst aus dem 10. und 11. Jahrhundert datierenden –) *„Einzelbeispielen, die in solchen Quellen erwähnt werden. Solche hatten offenbar*

Glauben wurde zudem dadurch erleichtert, daß eine Beschneidung nicht erforderlich war[18]. Auch die Zwänge, die von einer patriarchalisch geprägten Rechts- und Lebensordnung, der jüdischen ebenso wie der römischen[19], ausgingen, dürften die Konversion von mit Juden verheirateten Christinnen gefördert haben. Der sich anhand der jüdischen Inschriften aus den ersten Jahrhunderten n. Chr. in Rom ergebende Befund, daß drei Viertel der von den Grabinschriften bekannten Proselyten Frauen waren[20], mag wohl ebenfalls im Zusammenhang mit solchen Ehen stehen, in denen ehemals nichtjüdische Ehefrauen den Glauben ihres jüdischen Ehemanns annahmen.

Während das Eheverbot zwischen Heiden und Christen 314 durch c. 12 des Konzils von Arles[21] und dasjenige zwischen Häretikern und Christen in der Sammlung des sogenannten Konzils von Laodicea[22] erneuert wurden, findet sich vor dem zweiten Aurelianense einzig in c. 14 des Konzils von Chalcedon

entweder die Taufe oder den Übertritt zum Judentum zur Folge, und so kam es auch zu der vorwiegend ablehnenden Einstellung beider Religionen in dieser Frage". – Zu den rechtlichen Aspekten solcher Mischehen aus jüdischer Sicht s. einführend B.-Z. SCHERESCHEWSKY, Art. Mixed Marriage, in: Encyclopedia Judaica, Bd. 12 (1971), Sp. 168 (Quellen u. Literatur).

18 Vgl. B. BLUMENKRANZ, Die christlich-jüdische Missionskonkurrenz (3. bis 6. Jahrhundert), in: Klio 39 (1961), S. 228.

19 LANGENFELD, a.a.O., S. 56, weist darauf hin, daß in der römischen Familie die Frau „*in Glaubensangelegenheiten ebenso wie in ihrer personenrechtlichen Position ihrem Manne untertan*" war. Zum patriarchalischen Charakter des jüdischen Eherechts vgl. Art. Ehe, in: Neues Lexikon des Judentums, Gütersloh – München 1992, Sp. 125.

20 Vgl. BLUMENKRANZ, Die christlich-jüdische Missionskonkurrenz, S. 227f.

21 „*De puellis fidelibus quae gentilibus iunguntur, placuit ut aliquanto tempore a communione separentur*", ed. C. MUNIER, Concilia Galliae A. 314 – A. 506 (Corpus Christianorum, Series Latina CXLVIII), Turnholti 1963, S. 11.

22 „*Περὶ τῆς πρὸς αἱρετικοὺς ἐπιγαμίας. Περὶ τοῦ μὴ δεῖν τοὺς τῆς ἐκκλησίας ἀδιαφόρως πρὸς γάμου κοινωνίαν συνάπτειν τὰ ἑαυτῶν τὲκνα αἱρετικοῖς.*" – „*De his qui cum hereticis nuptiarum copula iunguntur. Quod non oporteat indifferenter ecclesiasticos ad foedera nubtiarum hereticis suos filios filiasque coniungere*", Synodus Laodicensis, c. 10, ed. P.-P. JOANNOU, Discipline Générale Antique (IVe – IXe s.), Tom. I,2: Les canons des Synodes Particuliers, édition critique du texte grec, version latine et traduction française (Pontificia Commissioe per la redazione del Codice di Diritto Canonico orientale, Fonti, ser. 1, Fascicolo IX, 2^{a} ed., Grottaferrata (Roma) 1962, S. 134f.
„*Περὶ τῶν ἐπιγαμίας μετὰ αἱρετικῶν ποιουμένων. Ὅτι οὐ δεῖ πρὸς πάντας αἱρετικοὺς ἐπιγαμίας ποιεῖν, ἢ διδόναι υἱοὺς καὶ θυγατέρας· ἀλλὰ μᾶλλον λαμβάνειν, εἴ γε ἐπαγγέλλοιντο χριστιανοὶ γενέσθαι.*" – „*De his qui cum hereticis iungunt foedera nuptiarum. – Quod non oporteat cum hereticis universis nuptiarum foedera caelebrare nec eis filios dare vel filias: sed magis accipere, si tamen promittant se fieri Christianos.*" Synodus Laodicensis, c. 31, ed. JOANNOU, S. 143.

aus dem Jahre 451 eine Wiederholung des Verbots der Ehe von Juden und Christen[23].

Daß dieses Verbot inzwischen jedoch nicht in Vergessenheit geraten, vielmehr zu einer Selbstverständlichkeit der katholischen Lehre geworden war, vermag exemplarisch ein Passus aus der Schrift „*De Abraham*" des Ambrosius von Mailand zu verdeutlichen.

Der Umgang mit dem Heiligen, so konstatiert Ambrosius, mache heilig, während der Verkehr mit dem Unrechten ins Verderben führe. Dies gelte namentlich in der Ehe, wo ein Fleisch und ein Geist seien. Wie könne es denn echte Liebe geben, wenn der Glaube nicht übereinstimme? „*Deshalb, o Christ*", so ruft er aus, „*hüte dich davor, deine Tochter einem Heiden oder einem Juden zu geben. Hüte dich davor, sage ich, eine Heidin oder Jüdin oder eine Fremde, das heißt eine Häretikerin und jede, die deinem Glauben fernsteht, zur Ehefrau zu nehmen*". Wichtigste Garantie für eine Ehe sei die Gnade der Keuschheit. Wie aber könne die Schamhaftigkeit lieben, wer Götzen verehre, deren ehebrecherisches Treiben gerühmt werde, und Christus, der die Keuschheit lehre und belohne, leugne? Es reiche nicht aus, wenn nur der weibliche Ehepartner Christ sei, beide müßten getauft sein. Nur so könnten sie gemeinsam beten. Ebensowenig könne bei unterschiedlichem Bekenntnis der nichtchristliche Teil glauben, daß, wie es in den Sprüchen Salomons heiße, die Frau dem Mann von Gott gegeben wird, da er ja diesen Gott gar nicht verehre. Das lehre schon die Vernunft, vielmehr jedoch belegten dies konkrete

[23] „*Quod non liceat clerico uxorem sectae alterius accipere. Quoniam in quibusdam prouinciis concessum est lectoribus et psaltis uxores ducere, statuit sancta synodus non licere cuiquam ex his accipere sectae alterius uxorem. qui uero ex huiusmodi coniugio iam filios susceperunt, si quidem praeuenti ut ex se genitos apud haereticos baptizarent, offerre eos ecclesiae catholicae communioni conueniet; non baptizatos autem non posse ulterius apud haereticos baptizari, sed neque copulari debet nuptura haeretico aut Iudaeo uel pagano, nisi forte promittat ad orthodoxam fidem se persona orthodoxae copulanda transferre. siquis autem hanc definitionem sanctae synodi transgressus fuerit, correptioni canonicae subiacebit*", ed. E. SCHWARTZ, Acta conciliorum oecumenicorum, Tom. II, Vol. III,3, Berlin-Leipzig 1935, S. [534]95. – „*Da in einigen Provinzen den Lektoren und Kantoren (d. h. Klerikern niederen Ranges) gestattet ist, zu heiraten, so beschloß die heilige Synode, keiner derselben dürfe darüberhinaus eine heterodoxe Frau nehmen, diejenigen aber, welche bereits aus solchen Ehen (mit häretischen Frauen) Kinder haben, müssen sie, wenn sie dieselben bereits bei den Häretikern haben taufen lassen, der Gemeinschaft der katholischen Kirche zuführen. Auch dürfen sie nicht mit Häretikern verehelicht werden, nicht mit einem Juden und nicht mit einem Heiden, es sei denn diejenigen, die mit Rechtgläubigen die Ehe schließen, versprechen die Bekehrung zum rechten Glauben. Zuwiderhandlungen gegen diese Synodenbestimmung sollen kirchenrechtlich bestraft werden*", SCHRECKENBERG, a.a.O., S. 379.

Beispiele. Häufig schon habe der Reiz des Weiblichen berühmte Ehemänner getäuscht und zum Abfall von der Religion bewegt. Man solle sich deshalb sowohl um die Liebe sorgen als auch den Irrtum vermeiden. In der Ehe werde aber zuallererst nach der Religion getrachtet. Deshalb sei auch Abraham bestrebt gewesen, seinem Sohn eine Nahestehende zur Frau zu geben[24].

Die von Ambrosius vorgetragenen Argumente gegen die Mischehen verdeutlichen die lakonische Feststellung des Konzils von Iliberis, daß es eine Gemeinschaft zwischen Gläubigen und Ungläubigen nicht geben kann. Als eigentlicher Grund für das Mischehenverbot wird ein pastorales Motiv erkennbar: nämlich zu verhindern, daß der rechtgläubige Christ infolge solcher Ehen an seinem Glauben Schaden nehme.

Die Konzilien des vierten und fünften Jahrhunderts haben offensichtlich nur selten einen Anlaß für eine Wiederholung des Mischehenverbotes gesehen, und soweit die Überlieferung erkennen läßt, wurde das Eheverbot zwischen Juden und Christen erst gegen Ende des fünften Jahrhunderts Bestandteil des weltlichen Rechtes des christianisierten Imperiums. Denn die wohl auf einem Gesetz Konstantins II. vom 13. August 339[25] beruhende Verfügung von Cod. Theod. 16.8.6, die bestimmte, daß Frauen, die zuvor in den kaiserlichen Webereien tätig gewesen waren und die die Juden *„in die Gemeinschaft ihrer Schändlichkeit geführt hatten“*, an ihren alten Arbeitsplatz zurückzukehren

24 *„Cum sancto enim sanctus eris, et cum perverso perverteris. Si hoc in aliis, quanto magis in conjugio, ubi una caro et unus spiritus est! Quomodo autem potest congruere charitas, si discrepet fides? Et ideo cave, Christiane, gentili aut Judaeo filiam tuam tradere. Cave, inquam, gentilem aut Judaeam atque alienigenam, hoc est haereticam et omnem alienam a fide tua uxorem arcessas tibi. Prima conjugii fides castitatis gratia est. Si idola colat quorum praedicantur adulteria, si Christum neget qui praeceptor et remunerator est pudicitiae, quomodo potest diligere pudicitiam? Si Christiana sit, non est satis, nisi ambo initiati sitis sacramento baptismatis. Simul ad orationem nocte vobis surgendum est, et conjunctis precibus obsecrandus Deus. Accedit aliud insigne castimoniae, si credas a Deo tuo tibi quod sortitus es, conjugium datum. Unde et Salomon ait:* A Deo, *inquit,* praeparabitur viro uxor *(Prov. XIX, 14). Non possunt hoc dispares fide credere, ut ab eo quem non colit, putet sibi connubii impartitam gratiam. Ratio docet, sed amplius exempla commonent. Saepe illecebra muliebris decepit etiam fortiores maritos, et a religione fecit discedere (III Reg. XI, 4). Et ideo tu vel amori consule, vel errorem cave. Primum ergo in conjugio religio quaeritur. Ideo Abraham proximam quaesivit dare filio suo“*, Ambrosius, De Abraham I,IX,84, Migne PL 13, Sp. 473.

25 K.-L. NOETHLICHS, Die gesetzgeberischen Maßnahmen der christlichen Kaiser des vierten Jahrhunderts gegen Häretiker, Heiden und Juden, phil. Diss., Köln 1971, S. 46 mit Anm. 273f. auf S. 264f. Vgl. auch A. LINDER, The Jews in Roman Imperial Legislation. Edited with introductions, translations, and a commentary, Detroit, Michigan 1987 (Übersetzung der hebräischen Ausg. 1983), S. 144f.

hätten und den Juden für die Zukunft bei Todesstrafe untersagte, christliche Frauen *„ihren Schandtaten zu verbinden"*[26], wird man nicht mehr als Verbot der Ehe zwischen Juden und Christinnen interpretieren können.

Die Wendungen *„in turpitudinis suae duxere consortium"* und *„suis iungant flagitiis"*, die man bisher dahingehend gedeutet hat[27], daß die Arbeiterinnen der kaiserlichen Webereien von Juden geehelicht beziehungsweise solche Verbindungen zukünftig untersagt wurden, haben nämlich – wie BERNARD S. BACHRACH gezeigt hat – eine andere Bedeutung: Da im Kontext des Gesetzes sowohl *„turpitudo"* wie *„flagitium"* die jüdische Religion bezeichnen, handelt es sich bei dem mit den Worten *„in turpitudinis suae duxere consortium"* beschriebenen Sachverhalt nicht um Ehen zwischen Juden und christlichen kaiserlichen Webereiarbeiterinnen, sondern vielmehr um die Bekehrung dieser Arbeiterinnen zum Judentum, und bei der darauf folgenden kaiserlichen Verfügung nicht um ein Ehe-, sondern um ein Proselytismusverbot. Gegen Heiraten zwischen Webereiarbeiterinnen und Juden spricht laut BACHRACH auch der unfreie Status der ersteren, der sich auf die Freiheit der jüdischen Partner und insbesondere auf die Kinder aus solchen Verbindungen ausgewirkt hätte[28]. Schließlich bleibt noch anzumerken, daß BACHRACHS Inter-

26 *„Quod ad mulieres pertinet, quas Iudaei in turpitudinis suae duxere consortium in gynaeceo nostro ante versatas, placet easdem restitui gynaeceo idque in reliquum observari, ne Christianas mulieres suis iungant flagitiis vel, si hoc fecerint, capitali periculo subiugentur"*, Codex Theodosianus 16.8.6, edd. TH. MOMMSEN / P.P. MEYER / P. KRÜGER, Volumen I, Pars posterior, 3. Aufl., Berlin 1963, S. 888. – *„(Nichtjüdische) Frauen, welche die Juden in ihre garstige Gemeinschaft aufgenommen haben und die vorher in unserer Zeugfabrik tätig waren, müssen wieder dorthin zurück; und künftig muß darauf geachtet werden, daß sie, (die Juden) nicht weibliche Personen christlichen Glaubens in ihre Schändlichkeiten hineinziehen. Andernfalls sollen sie hingerichtet werden"*, SCHRECKENBERG, a.a.O., S. 269.

27 Vgl. (– ohne Anspruch auf Vollständigkeit –) z. B. J.C. SEAVER, Persecutions of the Jews in the Roman Empire 300–439, Lawrence, Kansas 1952, S. 33, dem sich J. COHEN, Roman Imperial Policy Toward the Jews from Constantine Until the End of the Palestinian Patriarchate (ca. 429), in: Byzantine Studies III,1 (1976), S. 8, anschließt. Vgl. ferner AVI-YONAH, a.a.O., S. 179; NOETHLICHS, a.a.O., S. 47; LANGENFELD, a.a.O., S. 57f.; M. KASER, Das römische Privatrecht, 2. Abschnitt: Die nachklassischen Entwicklungen (Handbuch der Altertumswissenschaften, 3. Teil, 3. Bd.), 2. Aufl., München 1975, S. 168 mit Anm. 55; D. REICHHARDT, Die Judengesetzgebung im Codex Theodosianus, in: Kairos 20 (1978), S. 24f.

28 B. S. BACHRACH, The Jewish Community of the Later Roman Empire as Seen in the Codex Theodosianus, in: J. Neusner / E.S. Frerichs (Hrsg.), „To See Ourselves as Others See Us". Christians, Jews, „Others" in Late Antiquity, Chico, California 1985, S. 408ff.; SCHRECKENBERG, a.a.O., S. 269, spricht im Zusammenhang seiner Erläuterung der Verfügung zunächst vorsichtig von *„möglicher Eheschließung mit Juden"*, dann jedoch von dem *„hier im Ansatz erscheinende(n) Mischehenverbot"*,

pretation auch dadurch gestützt wird, daß man bei der Redaktion Cod. Theod. 16.8.6 nicht unter das Rubrum „*De Nubtiis*" (sic) (Cod. Theod. 3.7), sondern unter den Gliederungspunkt „*De Judaeis, Caelicolis et Samaritanis*" (Cod. Theod. 16.8) einordnete, und ferner durch den Umstand, daß diese Konstitution keine Aufnahme in das Brev. Alar. fand; der Sachverhalt wurde unter den veränderten Umständen des beginnenden sechsten Jahrhunderts offenbar als obsolet betrachtet.

Mithin werden jüdisch-christliche Mischehen lediglich durch ein in Cod. Theod. 3.7.2 (= 9.7.5 = Brev. Alar. 3.7.2 / 9.4.4) überliefertes Edikt Theodosius I. vom 14. März 388 untersagt. Das Gesetz unterscheidet dabei das Verbot der Ehe („*matrimonium*") zwischen einem Juden und einer Christin und zwischen einem Christen und einer Jüdin. Diese Ehen sollen wie Ehebruch mit dem Tod bestraft werden, wobei (– im Gegensatz zu der Beschränkung der Anklage wegen „*adulterium*"[29] auf die nächsten Verwandten durch Konstantin den Großen in Cod. Theod. 9.7.2 –) jedem ein Anklagerecht zugestanden wird[30].

versteht somit den Inhalt auch falsch. Ohne nähere Begründung vermutete VOGLER, a.a.O., S. 52: „*La formule employée désigne peut-être l'effet du prosélytisme juif dans ce milieu féminin ouvrier.*" Richtig bereits LINDER, The Jews in Roman Imperial Legislation, S. 149f., Anm. 8: „*Our law obviously dealt with the proselyting of women-slaves, in analogy to the preceding paragraph, which dealt with the proselyting of male-slaves*". Auch A. DEMANDT, Die Spätantike. Römische Geschichte von Diocletian bis Justinian, 284–565 n. Chr. (Handbuch der Altertumswissenschaften, 3. Abt., 6. Teil), München 1989, S. 299, führt ebenfalls nur Cod. Theod 9.7.5 (= 3.7.2) an.

29 Zur Bezeichnung solcher Mischehen als „*adulterium*" sowie zu dem Problem, warum sie so bezeichnet werden konnten, vgl. die Literaturhinweise bei NOETHLICHS, a.a.O., S. 336, Anm. 1018. S. ferner LINDER, Christlich-Jüdische Konfrontation im kirchlichen Frühmittelalter, S. 425 mit Anm. 148.

30 „*Ne quis Christianam mulierem in matrimonio Iudaeus accipiat, neque Iudaeae Christianus coniugium sortiatur. Nam si quis aliquid huiusmodi admiserit, adulterii vicem commissi huius crimen obtinebit, libertate in accusandum publicis quoque vocibus relaxata*" edd. MOMMSEN / MEYER / KRÜGER, Vol. I,2, S. 142. – „*Kein Jude soll eine Christin heiraten und kein Christ eine Jüdin. Zuwiderhandelnde werden wie beim Verbrechen des Ehebruchs angeklagt, und jedermann (nicht nur Verwandte) hat das Recht der Anklage*", SCHRECKENBERG, a.a.O., S. 300f. „*INTERPRETATIO. Legis huius severitate prohibetur, ut nec Iudaeus Christianae matrimonio utatur, nec Christianus homo Iudaeam uxorem accipiat. Quod si aliqui contra vetitum se tali coniunctione miscuerint, noverint se ea poena, qua adulteri damnantur, persequendos, et accusationem huius criminis non solum propinquis, sed etiam ad persequendum omnibus esse permissam*", edd. MOMMSEN / MEYER / KRÜGER, Vol. I,2, S. 142. – „*Weder soll ein Jude sich der Ehe mit einer Christin bedienen, noch soll ein Christ eine Jüdin zur Frau nehmen. Werden irgendwelche Personen gegen das Verbot durch solche Verbindung sich vermischt haben, so*

Das Edikt Theodosius I., das die Möglichkeiten der Juden, ihre Glaubensgemeinschaft mittels Heirat auszudehnen, einschränkte, bedeutete aber für viele Juden keine besondere Härte, *„weil diese Verbindungen auch von ihnen abgelehnt wurden“*[31].

Der Frage, inwieweit die Verfügung Theodosius I. durch kirchliche Kreise beeinflußt wurde, wollen wir im Rahmen unserer Untersuchung ebensowenig weiter nachgehen wie dem in der Forschung nicht unbemerkt gebliebenen Sachverhalt, daß die Ehen zwischen Heiden beziehungsweise Häretikern und Christen von den Kaisern offensichtlich nicht untersagt wurden, obwohl die Kirche ein entsprechendes Verbot von ihnen einforderte[32].

Vergleicht man den Inhalt und Wortlaut der kirchlichen und weltlichen Rechtsverordnungen des vierten und fünften Jahrhunderts, in denen jüdisch-christliche Mischehen untersagt werden, mit dem c. 19 des zweiten Konzils von Orléans, so legt die dort gebrauchte Formulierung *„Placuit, ut nullus Christianus Iudaeam neque Iudeus Christianam in matrimonio ducat uxorem“* die Annahme nahe, daß sich die Konzilsväter bei der Abfassung des c. 19 an

mögen sie wissen, dass sie mit derjenigen Strafe zu verfolgen sind, mit welcher Ehebrecher verurteilt werden, und die Anklage dieses Verbrechens nicht nur den Verwandten, sondern auch Allen behufs Verfolgung zugestanden ist“, M. CONRAT, Breviarium Alaricianum. Römisches Recht im fränkischen Reich, Neudruck der Ausg. Leipzig 1903, Aalen 1962, S. 157.
Die Interpretatio zu Cod. Theod. 9.7.5 (= Brev. Alar. 9.4.4) lautet: *„Nec Iudaeus Christianam nec Christianus Iudaeam ducat uxorem. Quod si fecerit, cuiuslibet accusatione velut in adulteros vindicetur“*, edd. MOMMSEN / MEYER / KRÜGER, Vol. I,2, S. 448. – *„Weder soll ein Jude eine Christin, noch ein Christ eine Jüdin zur Frau nehmen. Wird er es gethan haben, so soll auf die Anklage eines Jeden, wie gegen Ehebrecher, eingeschritten werden“*, CONRAT, a.a.O., S. 157.

31 NOETHLICHS, a.a.O., S. 184. Vgl. auch SCHRECKENBERG, a.a.O., S. 301. – COHEN, a.a.O., S. 12 mit Anm. 82, betont, daß das Gesetz *„applied equally to Christians and Jews and was fitting in a state with an official religion where laws of personal status often would come under religious control. Such a situation exists today, e. g., in the Stae of Israel; since there is no civil marriage ceremony permitted by law, intermarriage is an impossibility“*. Der Sachlage nicht gerecht wird SEAVER, a.a.O., S. 48, der meint, das Gesetz habe eine Verbreiterung des *„social gulf between Jews and Christians“* bedeutet.

32 Vgl. zu diesen beiden Problemen LANGENFELD, a.a.O., S. 58; NOETHLICHS, a.a.O., S. 184 mit Anm. 1020 S. 336. – LINDER, The Jews in Roman Imperial Legislation, S. 178, äußert die Ansicht: *„Our law reinforces the canonical interdiction by defining such marriages as crimes committed against the State and liable, therefore, to be persecuted by its organs. This represents an important innovation, probably due to Ambrosius' personal influence, for he launched a virulent campaign against mixed marriages between Christians and non-Christians in 385“* (s. Ambrosius, Ep. 19, Migne, PL 16, Sp. 982–994).

der *„Interpretatio“* zu Cod. Theod. 9.7.5 *„Ne Iudaeus Christianam nec Christianus Iudaeam ducat uxorem“*, die auch in das Breviar Alarichs (9.4.4) übernommen wurde, orientierten.

Das Verbot jüdisch-christlicher Mischehen wurde von zwei weiteren der merowingisch-fränkischen Synoden wiederholt. 535 versammelte Theudebert I., der Erbe Theuderichs I., der sich mit seinen Onkeln Childebert I. und Chlothar I. das gemeinsam eroberte Burgund geteilt hatte, eine Synode seines Teilreiches in Clermont, von deren Teilnehmern die meisten 533 in Orléans nicht anwesend gewesen waren, die aber ihre Beschlüsse an denen des zweiten Aurelianense ausrichteten beziehungsweise diese ergänzten[33]. Der c. 6 des Konzils von Clermont bestimmte: *„Wenn jemand sich mit dem verworfenen Judentum ehelich zusammentut und entweder Christ und Jüdin oder Jude und Christin eine fleischliche Verbindung eingehen, dann soll er und jeder, von dem man weiß, daß er einen derartigen Frevel duldete, abgesondert werden von der kirchlichen Gemeinschaft, denn er gesellt sich den Feinden der Kirche bei“*[34].

Auffällig ist der Unterschied in der Sprache zwischen dem c. 6 von Clermont und c. 19 von Orléans II. Während der c. 19 (– ebenso wie auch das Edikt Theodosius I. –) durch eine sachliche Ausdrucksweise gekennzeichnet ist, bedient sich der c. 6 einer emotionsgeladenen Sprache, indem er die jüdische Religion als *„prauitas“*, ihre Anhänger als *„hostes ecclesiae“* und die Ehe zwischen Juden und Christen als *„nefas“* qualifiziert.

Erneuert wurde das Verbot nochmals auf dem dritten Konzil von Orléans, zu dem neunzehn Bischöfe aus den Teilreichen Childeberts I. und Theudeberts I. zusammentraten[35], im Rahmen seines die die Juden betreffenden Bestimmungen zusammenfassenden c. 14(13): *„Wir untersagen auch allen Christen Ehen mit Juden. Ist es doch dazu gekommen, soll der Betroffene bis*

[33] Vgl. PONTAL, a.a.O., S. 76f.

[34] *„Si quis Iudaecae prauitati iugali societate coniungetur et seu Christiano Iudea siue Iudaeo Christiana mulier consortio carnali miscetur, quique horum tantum nefas admisissse dinoscetur a Cristeanorum coetu adque conuiuio et a communione aeclesiae, cuius sociatur hostibus, segregetur“*, ed. DE CLERCQ, S. 106f. – Übersetzung SCHRECKENBERG, a.a.O., S. 399. – B. BLUMENKRANZ, Juifs et chrétiens dans le monde occidental 430–1096 (Etudes Juives 2), Paris-La Hague 1960, S. 342, Anm. 233, merkt zu diesem Kanon an, es sei fraglich, ob die Strafe dem drohe, der eine Mischehe eingegangen sei oder sie zugelassen habe. SCHRECKENBERG berücksichtigt den Bedeutungsumfang von *„admittere“* bei seiner Übersetzung nicht. Die Konzilsväter könnten aber durch die Wortwahl beabsichtigt haben, sowohl dem, der die Mischehe einging wie dem, der sie zuließ, mit der Exkommunikation zu drohen.

[35] Vgl. PONTAL, a.a.O., S. 80.

zur Trennung (vom Ehepartner) exkommuniziert werden"[36]. Der c. 14(13) von Orléans III stimmt mit dem c. 19 des zweiten Aurelianense in der Nüchternheit seiner Sprache ebenso überein wie in der für eine Übertretung des Verbotes angedrohten Strafe, der Exkommunikation bis zur Lösung der Verbindung. Dagegen ordnet der c. 6 von Clermont zur „*segregatio a communione*" zusätzlich die „*segregatio a Cristeanorum coetu adque conuiuio*" an[37].

Der c. 16 von Iliberis drohte den Eltern, die ihre Töchter mit Häretikern oder Juden verbanden, mit einer fünfjährigen Exkommunikation[38], während der c. 14 des Konzils von Chalcedon dasselbe Vergehen mit der „*correptio canonica*", der kanonischen Strafe, belegte, ohne diese näher zu qualifizieren[39]. Mithin setzten die merowingischen Konzilien strengere Strafen für Verstöße gegen das Verbot jüdisch-christlicher Mischehen fest.

[36] „*Christeanis quoque omnibus interdicimus, ne Iudeorum coniugiis misceantur. Quod si fecerint, usque ad sequestrationem, quisque ille est, cummunionem pellatur*", ed. DE CLERCQ, S. 120. – Übersetzung SCHRECKENBERG, a.a.O., S. 400.

[37] B.S. BACHRACH, Early Medieval Jewish Policy in Western Europe, Minneapolis, Minnesota 1977, S. 48, gibt dazu die folgende Erläuterung: "... *if such a marriage was to have standing within the Jewish community, the Christian had to accept Judaism. The bishops, of course, did not recognize the validity of such an act and declared that unless the marriage were anulled, the 'Christian' partner (who in his or her own eyes and that of his or her spouse was a Jew) would be excommunicated. Obviously the excommunication would have had no religious significance for the person in question. The social consequences, however, would have been great. An excommunicated person is by and large supposed to be cut off from contact with all other Christians, and if the rules were obeyed, the 'Christian' spouse of a Jew would have forfeited relations with his or her Christian relatives. Thus the convert would have been placed in a dangerous position because of the fundamental role played by the family in providing protection*".

[38] S. oben S. 11 mit Anm. 12.

[39] S. oben S. 14, Anm. 23.

II.

Das Verbot der Tischgemeinschaft mit Juden wurde von der Kirche im Merowingerreich erstmalig auf dem dritten Konzil von Orléans im Jahre 538 verfügt und 581/83 durch das Konzil von Mâcon erneut bekräftigt. Während der c. 14(13) von Orléans III bei einem Verstoß gegen das Verbot mit einer einjährigen Exkommunikation droht[40], bezeichnet ihn das Konzil von Mâcon in seinem 15. Kanon als *„nefas"* und schließt Kleriker wie Laien vom Zusammenleben mit den Christen aus, da sie durch die Gottlosigkeit der Juden unrein geworden seien[41]. Schließlich heißt es in c. 13 des Konzils von Clichy von 626/27 kurz und bündig: *„Mahlzeiten mit Juden sind ganz und gar abzulehnen"*[42].

Auch dieses Verbot war von der Kirche bereits in der Vergangenheit häufiger ausgesprochen worden. Den frühesten Beleg bildet der c. 50 des Konzils von Iliberis, der für Kleriker und Laien als Strafe den Entzug der Kommunion bestimmte[43]. Auf diesen folgt c. 38 der Sammlung des sogenannten Konzils

[40] *„Idem Christeanis conuiuia interdicimus Iudeorum; in quibus si forte fuisse probantur, annuali excummunicatione pro huiusmodi contumacia subiacebunt"*, ed. DE CLERCQ, S. 120. – *„Ebenso untersagen wir den Christen die Teilnahme an den Mahlzeiten der Juden; wer etwa davon betroffen wird, unterliegt wegen dieser Widerspenstigkeit einer einjährigen Exkommunikation"*, SCHRECKENBERG, a.a.O., S. 400.

[41] *„Et ut nullus Christianus Iudaeorum conuiuiis particepare praesumat. Quod si facere quicumque, quod nefas est dici, clericus aut saecularis praesumpserit, ab omnium Christianorum consortio se nouerit cohercendum, quisquis eorum inpietatibus fuerit inquinatus"*, ed. DE CLERCQ, S. 226. – *„Kein Christ soll es wagen, am Tische von Juden zu sitzen. Wer auch immer das tut, wovon nur zu sprechen schon unrecht ist, ob nun ein Kleriker oder Laie sich dergleichen herausnimmt, soll wissen, daß von der Gemeinschaft aller Christen ausgeschlossen werden muß, wer sich mit deren (d.h. der Juden) gottlosen Freveln besudelt"*, SCHRECKENBERG, a.a.O., S. 417.

[42] *„Iudaeorum uero conuiuia penitus refutanda"*, ed. DE CLERCQ, S. 294.

[43] *„De Christianis qui cum Iudaeis uescuntur. Si uero quis clericus nel fidelis cum Iudaeis cibum sumpserit, placuit eum a communione abstineri ut debeat emendari"*, edd. MARTINEZ DIEZ / RODRIGUEZ, S. 258. – *„Wenn ein Kleriker oder Gläubiger mit*

von Laodicea, der es untersagt, von den Juden Azyma, das ungesäuerte Passahbrot, anzunehmen und sich an ihren Gottlosigkeiten (*ἀσεβεῖαι*) zu beteiligen[44].

Das Verbot begegnet des weiteren auf drei gallischen Synoden, der von Vannes (461/81), Agde (506) und Epaon (517). Die Verfügung des c. 12 der im bretonischen Vannes veranstalteten Bischofsversammlung wurde nahezu wörtlich in den c. 40 des Konzils von Agde übernommen, wo sich unter dem Vorsitz des Cäsarius von Arles erstmals die katholischen gallischen Bischöfe des Westgotenreiches versammelten. Beschränkte der c. 12 von Vannes das Verbot auf die Kleriker[45], so dehnte ihn c. 40 von Agde auch auf die Laien aus: *„Kleriker wie Laien sollen fortan die Tischgesellschaften der Juden meiden, und niemand soll sie an seinen Tisch laden; denn da sie die bei den Christen üblichen Speisen verschmähen, wäre es schimpflich und gottlos, wenn Christen ihre Speisen zu sich nähmen. Da das, was wir mit Erlaubnis des Apostels verzehren, jenen als unrein gilt, würden so die Kleriker auf einen tieferen Platz kommen als die Juden, wenn wir zwar ihre Speisen zu uns nehmen, jene aber das von uns Aufgetischte verschmähen“*[46].

Auch das Konzil von Epaon, das nach der Konversion der Burgunder zum Katholizismus im Jahre 517 zusammentrat, widmete dem Verbot seinen recht umfangreichen c. 15: „*Wenn ein ranghoher Kleriker an dem Gastmahl eines häretischen Klerikers teilgenommen hat, soll er ein Jahr lang aus der Kirche ausgeschlossen werden. Kleriker niederen Ranges, die solches tun, sollen*

Juden speist, soll er wegen der Notwendigkeit, auf den rechten Weg zurückgebracht zu werden, exkommuniziert sein“, SCHRECKENBERG, a.a.O., S. 248.

44 *„Περὶ τοῦ μὴ ἄζυμα χριστιανοὺς ἐσθίειν. Ὅτι οὐ δεῖ παρὰ τῶν Ἰουδαίων ἄζυμα λαμβάνειν ἢ κοινωνεῖν ταῖς ἀσεβείαις αὐτῶν“.* – *„De christianis qui Iudaeorum azyma comedunt. Quod non oporteat azyma a Iudaeis accipere et communicare impietatibus eorum“*, ed. IOANNOU, S. 146. – *„Daß man von den Juden keine ungesäuerten Brote annehmen und an ihrem Frevel sich nicht beteiligen soll“*, SCHRECKENBERG, a.a.O., S. 278.

45 *„Omnes deinceps clerici Iudaeorum conuiuia euitent nec eos ad conuiuium quisquam excipiat; quia cum apud Christianos cibis communibus non utantur, indignum est atque sacrilegum eorum cibos a Christianis sumi; cum ea quae Apostolo permittente nos sumimus, ab illis iudicentur immunda ac sic inferiores incipiant esse clerici quam Iudaei, si nos quae ab illis apponuntur utamur, illi a nobis oblata contemnant“*, ed. MUNIER, S. 154.

46 *„Omnes deinceps clerici siue laici Iudaeorum conuiuia euitent nec eos ad conuiuium quisquis excipiat: quia cum apud Christianos cibis communibus non utantur, indignum est atque sacrilegum eorum cibos a Christianis sumi; cum ea, quae Apostolo permittente nos sumimus, ab illis iudicentur immunda, ac sic inferiores incipiant esse Catholici quam Iudaei, si nos quae ab illis apponuntur utamur, illi uero a nobis oblata contemnant“*, ed. MUNIER, S. 210. – Die Übersetzung bei SCHRECKENBERG, a.a.O., S. 388.

Schläge erhalten. An den Mahlzeiten der Juden aber darf entsprechend unserer Weisung auch ein Laienchrist nicht teilnehmen. Hat sich aber jemand bei einer Mahlzeit mit Juden befleckt, soll er nicht mehr mit einem unserer Kleriker speisen"[47].

Die ständige Wiederholung des Verbotes darf als Hinweis auf seine häufige Verletzung durch Christen gedeutet werden[48]. Obwohl die Kanones ganz allgemein von gemeinsamen Mahlzeiten reden, „*handelt es sich doch*", wie BERNARD BLUMENKRANZ meint, „*um ganz bestimmte Mahlzeiten, um die halbliturgischen oder, richtiger gesagt, um die häuslich-liturgischen Abendmahlzeiten der Sabbat- und Festtage, besonders am jüdischen Osterfest*"[49], worauf auch die Erwähnung des Azyma in c. 38 des sogenannten Konzils von Laodicea hinweist. Auch HANS LANGENFELD versteht das Verbot als Reaktion auf die strengen Festes- und Speisegesetze der Juden, gegen die man sich durch analoge Vorschriften zu schützen gedachte, und er gibt zu bedenken, „*daß ein engerer Kontakt bei so stark rituell gebundenen Anlässen den ersten Schritt zur Apostasie bedeuten*" konnte. „*Dieser Argwohn scheint dadurch geweckt oder bekräftigt worden zu sein, daß bei heidnischen Festen offenbar schon die Anwesenheit beim gemeinsamen Mahl als Bekenntnis zum Götterkult ausgelegt worden war*"[50]. Die religiöse Bedeutung gemeinsamer Mahlzeiten werde, wie LANGENFELD zu Recht betont, nicht zuletzt durch die christlichen Bräuche, insonderheit die Feier der Eucharistie dokumentiert[51]. Es verwun-

47 „*Si superioris loci clericus heretici cuiuscumque clerici conuiuio interfuerit, anni spatio pacem ecclesiae non habebit. Quod iuniores clerici si praesumserint, uapolabunt. A Iudaeorum uero conuiuiis etiam laicus constitutio nostra prohibuit, nec cum ullo clerico nostro panem comedat, quisquis Iudeorum conuiuio fuerit inquinatus*", ed. DE CLERCQ, S. 27f. – Übersetzung bei SCHRECKENBERG, a.a.O., S. 393, der zudem darauf hinweist, daß das Wort „*inquinatus*" „- *wohl unter dem Einfluß christlicher Theologie – schon im Codex Theodosianus (16.9.5)*" erscheint.

48 Vgl. etwa S. KATZ, The Jews in the Visigothic and Frankish Kingdoms of Spain and Gaul (Monographs of the Medieval Academy of America No. 12), Cambridge, Massachussets 1937, S. 54. S. auch SCHRECKENBERG, a.a.O., S. 392.

49 BLUMENKRANZ, Die christlich-jüdische Missionskonkurrenz, S. 231. Vgl. DERS., Juifs et chrétiens, S. 172f. Vgl. auch SCHRECKENBERG, a.a.O., S. 278, 388.

50 LANGENFELD, a.a.O., S. 55. Vgl. auch SCHRECKENBERG, a.a.O., S. 278, 388. S. ferner COURREAU, a.a.O., S. 95ff., der (S. 96 mit M. SIMON, Verus Israel. Études sur les relations entre chrétiens et juifs dans l'Empire Romain [135-425], Paris 1948, S. 414f.) auf die Anziehungskraft hinweist, die von dem magischen Charakter der mit der Zubereitung und dem Verzehr der jüdischen Speisen verbundenen Riten in einer Zeit ausging, die noch stark von abergläubischen Vorstellungen geprägt war.

51 Ebd. Anm. 137.

dert daher nicht, wenn die jüdischen Speisevorschriften, die bereits der Apostel Paulus als für Christen nicht länger verbindlich zurückgewiesen hatte (1 Kor 10,25; Kol 2,16f.), worauf der c. 12 des Konzils von Vannes beziehungsweise der mit diesem identische c. 40 von Agde ausdrücklich verweisen, auch bei den christlichen Schriftstellern besondere Beachtung fanden[52], worauf wir hier aber nicht näher einzugehen haben. Mit Blick auf die Bestimmungen des c. 12 von Vannes beziehungsweise des c. 40 von Agde stellt SCHRECKENBERG fest, daß *„der Distanzwille der Kirche auch überhaupt Einladungen von Juden und Christen"* ausgeschlossen habe, da man *„schon den Anfängen vertrauten Umgangs"* habe wehren wollen[53], und er bezeichnet es als die Absicht dieser Bestimmungen, *„durch soziale Schranken einer Glaubensgefährdung der Christen vorzubeugen"*. *„Das Motiv"* sei *„nicht Judenfeindschaft, sondern pastorale Sorge für die Gläubigen"* gewesen[54]. Angemerkt sei lediglich noch, daß c. 15 von Epaon, c. 14(13) von Orléans III, c. 15 von Mâcon und c. 13 von Clichy im Gegensatz zu c. 12 von Vannes beziehungsweise c. 40 von Agde das Verbot gemeinsamer Mahlzeiten mit Juden nicht mehr ausführlich begründen.

[52] Vgl dazu B. BLUMENKRANZ, Die Judenpredigt Augustins. Ein Beitrag zur Geschichte der jüdisch-christlichen Beziehungen in den ersten Jahrhunderten (Basler Beiträge zur Geschichtswissenschaft, Bd. 25), Basel 1946, S. 17f., 91f., 149f. DERS., Les auteurs chrétiens latins du moyen âge sur les juifs et le judaïsme, Paris 1963, S. 50f. S. ferner SCHRECKENBERG, a.a.O., Index s.v. *„Speisevorschriften"*.

[53] A.a.O., S. 388.

[54] A.a.O., S. 278. – Ähnlich auch COURREAU, a.a.O., S. 95f.: *„La raison de cette interdiction est sans doute de limiter les occasions de rencontre entre Juifs et chrétiens, mais ce n'est pas le motif invoqué directement dans ce canon. On craint plutôt que les chrétiens soient impressionnés par les presciptions alimentaires des Juifs ... Mais vu la mentalité superstitieuse des chrétiens fraîchement convertis du paganisme, ces tabous alimentaires prenaient une grande importance, et l'on risquait de voir ces chrétiens mal dégrossis se plier à ces observances alimentaires, puis en venir finalement à judaïser. Si les canons des conciles gaulois réitèrent souvent cette interdiction, c'est que les rapports entre Juifs et chrétiens étaient assez intimes et fréquents"*.

III.

Eine weitere Gruppe konziliärer Verfügungen bezieht sich auf das Verbot der Ausübung von Ämtern durch Juden. Erstmalig untersagt der c. 9 des Konzils von Clermont (535), daß Juden den Christen als „*iudices*" vorgesetzt werden[55]. Mit dem Begriff „*iudex*" wird in dieser Zeit „*der Inhaber eines Amtes*" bezeichnet, mit dem „*meist, aber nicht notwendigerweise richterl. und/oder urteilende Funktionen verbunden* (sind) ... *Im frk. Reich sind iudices die kgl., kirchl. und grundherrlichen agentes (Gutsverwalter, sonstige Verwaltungsbeamte), die Herrschafts- und Funktionsträger, denen (auch) der Gerichtsvorsitz zukommt (insbes. der comes und seine richterlichen Unterbeamten)...*"[56]. Dieses Verbot wird durch den c. 13 von Mâcon (581/83) bestätigt, der den Juden

[55] „*Ne Iudei Cristeanis populis iudices praeponantur*", ed. DE CLERCQ, S. 107. Zur Bedeutung von „*populis*" vgl. J.F. NIERMEIER, Mediae Latinitatis Lexicon Minus, Leiden 1984, S. 813, s. v. „*populus 1*". – Zu c. 9 von Clermont bemerkt PARKES, a.a.O., S. 325: „*But that such persons* (Jewish officials) *did exist is shown by the canon of Clermont, which repeats the law of Valentinian III issued a century earlier to the Prefects of the Two Gauls. As a council would not be likely to deal with a non-existent situation, and as, on the other hand our information is so scanty* (– PARKES verweist auf den aus dem Brief des Severus von Majorca bekannten „*Jewish mayor*" und den „*Jewish judge in the mythical acts of Benedicta of Lyons*", A.S., 8. Oktober –), *and the conciliar prohibition was never repeated, we may perhaps conclude that Jewish officials were relatively rare, and that they were not distinguished by any unpleasant characteristics which brought them into notice, a situation which would agree with the general conditions of the times*". Einen Beweis für die Abhängigkeit des c. 9 von Const. Sirm. 6 (s. unten S. 26f.) bleibt PARKES schuldig. Daß das Ämterverbot nicht wiederholt wurde, ist schlicht unrichtig (und steht zudem im Widerspruch zu den Ausführungen von PARKES auf S. 328, wo er c. 13 von Mâcon, c. 17(15) von Paris und c. 11 von Reims [= c. 13 von Clichy] behandelt). Folglich ist auch die daran geknüpfte Vermutung, jüdische Amtsträger seien wohl eher selten gewesen, ebenso reine Spekulation wie die Annahme, das Schweigen der Quellen über jüdische Amtsträger als Indiz für deren angenehme Charaktereigenschaften werten zu können. Auch für die aus dem letzten Teil des letzten Satzen („*a situation...*") zu folgernde Ansicht von PARKES, über Juden habe man damals nur berichtet, wenn sie in negativer Weise in Erscheinung getreten seien, müßte erst noch bewiesen werden.

[56] J. WEITZEL, Art. Iudex, in: LexMa, Bd. 5 (1991), Sp. 793f.

zudem auch die Zulassung zum Amt des Steuereinnehmers („*tolonarius*") verwehrt. Der Kanon begründet das Verbot damit, daß Christen den Juden nicht unterworfen sein sollen[57]. Drei Jahrzehnte später bezeichnet der c. 17(15) des Konzils von Paris (614) es als eine Anmaßung, wenn Juden sich beim König um ein Amt[58] („*militia*", „*actio publica*") bemühen oder es ausüben. Sollte trotz des kanonischen Verbotes so ein Fall eintreten, dann soll der betreffende Jude samt seiner Familie vom zuständigen Ortsbischof getauft werden[59].

[57] „*Ne Iudaei Christianis populis iudices deputentur aut tolonarii esse permittantur, per quod illis, quod Deus auertat, Christiani uideantur esse subiecti*", ed. DE CLERCQ, S. 226. – „*Juden sollen nicht zu Richtern über Christen bestellt werden und nicht Steuereinnehmer bei ihnen sein; denn dadurch könnten Christen, was Gott verhüten möge, jenen unterworfen erscheinen*", SCHRECKENBERG, a.a.O., S. 417. – Dazu merkt PARKES, a.a.O., S. 328 an: „*The addition to this explanation of the words 'quod Deus avertat' constitutes the first abusive phrase found in Gallic conciliar legislation*".

[58] Zum Amtsbegriff in dieser Zeit vgl. K.F. WERNER, Art. Amt III. Amt und Ämter im Fränkischen Reich und in Frankreich (bis 12. Jh.), in: LexMa Bd. 1 (1980), Sp. 547.

[59] „*Vt nullus Iudaeorum qualemcumque militia aut actione puplica super Christianos aut adpetere a principe aut agere presumat. Quod si temptauerit, ab episcopo ciuitatis illius, ubi actionem contra canonum statuta conpetiit, cum omni familia sua baptismi gratia consequatur*", ed. DE CLERCQ, S. 280. „*Kein Jude soll es wagen, zu versuchen, irgendein militärisches oder ziviles Amt, das ihm Hoheitsfunktionen über Christen verleiht, vom Landesherrn zu erhalten oder auszuüben. Hat er es doch versucht, soll er bei dem Bischof jener Stadt, wo er seinen kirchenrechtswidrigen Antrag gestellt hat, mit seinem ganzen Haus um die Gnade der Taufe nachsuchen*", SCHRECKENBERG, a.a.O., S. 435, dessen Übersetzung den Sinn von „*ubi actionem ... conpetiit*" nicht adäquat wiedergibt.. Auch bei der Verwendung des Begriffes „*Landesherr*" scheint uns in dieser Zeit Vorsicht geboten. KATZ, The Jews in the Visigothic and Frankish Kingdoms of Spain and Gaul, S. 119, meint, daß der c. 17(15) „*prohibited the Jews from demanding or exercising military or administrative offices over Christians...*" – BACHRACH, Early Medieval Jewish policy in Western Europe, S. 59, paraphrasiert den Inhalt des Kanons: "*... that no Jew might hold an office in which he could command either the military or the public (fiscal) service of Christians*". – Zu „*militia*" und „*actio publica*" vgl. auch NIERMEIER, a.a.O., S. 680, s. v. „*militia* 4", u. S. 14, s. v. „*actio 4*". – Anstelle einer Interpretation dieses Kanons benügt sich PARKES, a.a.O., S. 328, mit einer ironischen Kommentierung: „*Finding this unavailing* (sc. den in Mâcon geäußerten Wunsch, Gott möge verhindern, daß Christen jüdischen Amtsträgern unterworfen seien) *the council of Paris devised a punishment almost worthy of Gilbertian opera. ... But whether thus* (sc. nach erfolgter Taufe) *safely set on the path of salvation he* (sc. der jüdische Amtsträger) *was to be allowed to keep his office the council neglected to decide. Even this solution did not remove the difficulty, and the council of Reims* (richtig Clichy) ... *returned to the attack, but lacking the humour of their Parisian colleagues they were content merely to repeat the prohibition and to insist upon its application to all 'actiones publicae'.*" Daß die mentale Disposition, aus der heraus die Konzilsväter von Mâcon ihre Beschlüsse faßten, mit dem Begrifff „*humour*"

Schließlich bestimmt noch der c. 13 von Clichy (626/27): „*Die Juden sollen auch nicht zu den Ämtern („actiones publicas“) zugelassen werden*“[60]. Das Ämterverbot für Juden fand durch die Übernahme in das Edikt Chlothars II. vom 18.10.614 auch Eingang in das weltliche Recht[61], „*was auf die grundsätzliche Synergie und Interdependenz kanonischer und weltlicher Legislative weist*“[62].

Während in keinem der vier genannten Kanones eine Sanktion für die Übertretung des verfügten Verbotes ausgesprochen wird, droht das Edikt Chlothars II. „*aufgrund der kanonischen Entscheidung die Strenge des Gesetzes*“ an. BLUMENKRANZ meint, daß es dabei unklar bleibe, ob diese Strafe dem widerrechtlich in ein Amt gelangten Juden oder dem drohe, der ihn in das Amt eingesetzt habe[63]. Trotz der Lückenhaftigkeit des Textes darf man unterstellen, daß Art. 10 des Edikts von demselben Sachverhalt wie der c. 17(15) von Paris ausging, das heißt von der durch einen König erfolgten Berufung jüdischer Amtsträger. Da sich der c. 17(15) ja nicht nur auf in der Vergangenheit liegende, sondern auch auf zukünftige Fälle bezog, wäre die Sanktion folglich, wenn sie nicht auf die Juden zielte, gegen den König selbst gerichtet gewesen, was uns wenig wahrscheinlich erscheint. Angesichts des in c. 17(15) beschriebenen Sachverhaltes wird somit verständlich, weshalb die Konzilsväter eine Sanktion gegen denjenigen, der die Juden in Ämter einsetzte, nicht festlegten.

Vor dem 6. Jahrhundert findet sich das Ämterverbot für Juden nur in der säkularen Gesetzgebung. Von den einschlägigen Gesetzen des spätantiken Kaiserreiches kennt lediglich die 3. Novelle Theodosius II., die als einziges dieser Gesetze in das Brev. Alar. übernommen wurde und auf die wir noch näher

wohl kaum richtig beschrieben ist, steht außer Frage. Eine derartige Betrachtungsweise spricht sich selber das Urteil.

60 „*Qui tamen Iudaei ad nullas actiones puplicas admittantur*“, ed. DE CLERCQ, S. 294.

61 Der nur verstümmelt überlieferte Art. 10 lautet: „*Iudaei super christianus actionis publicas agere non debeant. Quicumque se ... tuos ... dine sociare praesumpserit, seuerissimam legem ex canonica incurrat sententia*“, ed. DE CLERCQ, S. 284. Die Abhängigkeit von c. 17(15) von Paris ist aber noch erkennbar. – Zu dem Edikt Chlothars II. vgl. PONTAL, a.a.O., S. 186 ff. und die dort in Anm. 17 genannte Literatur.

62 SCHRECKENBERG, a.a.O., S. 435.

63 BLUMENKRANZ, Juifs et chrétiens, S. 342: „*La différence dans la formulation des deux textes est significative. Le concile avait prévu que le Juif qui occuperait une fonction publique serait amené au baptême en même temps que sa famille, par l'évêque du lieu. Clotaire n'en parle point. Le silence signifierait-il qu'il a été hostile à ce mode de recrutement pour l'Église? Mais il menace le contrevenant de la sévérité de la loi selon la sentence canonique*“. *Ebd., Anm. 237:* „*Si la menace d'une punition sévère est claire, il n'est pas sûr si c'est le Juif indûment investi de la fonction publique qui en serai frappé ou le chrétien qui lui aurait permis d'y accéder*“.

eingehen werden[64], eine Sanktion für die Übertretung des Ämterverbotes für Juden, die in dem Verlust des Amtes und der damit verbundenen Würden besteht. Mit dem Begriff *„lex"* in Art. 10 des Ediktes Chlothars II. kann somit nur die 3. Novelle des Theodosius gemeint sein. Daraus ergibt sich ein weiteres Argument dafür, daß das Edikt wie der c. 17(15) von Paris keine Strafe für denjenigen, der einen Juden in ein Amt einsetze, beinhaltete.

Der Zugang zu zivilen und miltärischen Ämtern war den Juden ebenfalls bereits durch das spätrömische Recht verwehrt worden[65]. Die Konstitution des Kaisers Honorius von 404 (Cod. Theod. 16.8.16)[66] beinhaltet, wie AMNON LINDER richtig bemerkt, keinen Ausschluß der Juden vom Dienst als *„agentes in rebus"*[67], das heißt als *„Staatskommissare"*[68]. Ein explizites Verbot des Zuganges der Juden zur *„militia"*, das heißt sowohl zum Hofdienst wie zu den

64 S. unten S. 32ff.

65 *„A natural consequence of the abolition of sacrifice on the part of public officials was the entry of Jews into public functions. During the fourth century no objection had been made to this, but the more rigid orthodoxy of the fifth saw in such action on the part of either Jews or heretics an insult to the majesty of the empire"*, PARKES, a.a.O., S. 200f.

66 *„Iudaeos et Samaritanos, qui sibi agentum in rebus privilegio blandiuntur, omni militia privandos esse censemus"*, edd. MOMMSEN / MEYER / KRÜGER, Vol. I,2, S. 890. – *„Wir bestimmen, daß die Juden und Samaritaner, welche sich rühmen können, als Geheimagenten tätig zu sein, jeglichen Amtes zu entkleiden sind"*, SCHRECKENBERG, a.a.O., S. 342. Wie dieser übersetzt auch C. PHARR, The Theodosian Code, and Novels, and the Sirmondian Constitutions. A translation with commentary, glossary, and bibliography, Princeton 1952, S. 469, *„members of the secret service"*. Mit der Übersetzung *„who are deluding themselves with the privileges of imperial office"* wird SEAVER, a.a.O., S. 58, der Aussage des Relativsatzes nicht gerecht. Richtig übersetzt A. LINDER, The Jews in Roman Imperial Legislation, S. 223: *„We order that the Jews and the Samaritans, who delude themselves with the privilege of the Executive Agents, shall be deprived of any State office"*.

67 Zu diesem Gesetz führt LINDER, a.a.O., S. 222f., aus: *„Its context is not entirely clear. It stated that Jews and Samaritans should be expelled from all State offices if they shall offend in connection with the privilege of the Executive Agents, but it is not a formal prohibition against Jews and Samaritans serving as Executive Agents, even though this interpretation is offered by the* Antiqua Summaria, *where we read ‚He decrees, that Samaritans and Jews shall not be Executive Agents.' ... Our law probably dealt with a particular case of Jewish and Samaritan Executive Agents who exploited their privileges and powers in an abusive way, perhaps in regard to previous (and not extant) legislation on this matter"*. *„The privileges of the Executive Agents reflected their military character, on the one hand, and their bureaucratic standing, on the other (compare CTh 6:35:3). They were exempt from various taxes and duties, and were even freed from their curial status at the completion of a certain term of service"*, ebd., S. 223, Anm. 3.

68 *„Dem* magister officiorum *unterstanden die seit 319 bezeugten* agentes in rebus. *Sie traten an die Stelle der von Diocletian aufgehobenen* frumentarii *... Es handelt sich*

zivilen und militärischen Ämtern[69], enthält erstmals eine Konstitution des Honorius und Theodosius II. von 418 (Cod. Theod. 16.8.24). Noch als *„agentes in rebus“* oder *„palatini“* amtierende Juden durften ihre Amtszeit zwar beenden, Neueinstellungen hingegen waren verboten, und die Entlassung aller jüdischen Soldaten wurde angeordnet[70]. Zusammen mit (– dem damals erst

*bei ihnen um Staatskommissare, nicht, wie man oft liest, um eine Geheimpolizei, denn sie trugen den römischen Miltärgürtel (*cingulum *...). Sie waren als* schola *militärisch organisiert und in fünf Gehaltsklassen gegliedert:* ducenarii, centenarii, biarchi, circitores *und (gewöhnliche)* equites *... 359 ließ Constantius II. alle nicht* standesgemäßen agentes *entfernen und verbot unverdiente Beförderungen in den Gehaltsklassen ... Die Zahl dieser* agentes *schwankt, Julian soll sie bis auf 17 entlassen haben ...; 430 betrug ihre Zahl im Osten 1174 ... Diese* agentes in rebus *(auch als* magistriani *oder* veredarii *bezeichnet) unternahmen jährlich Inspektionsreisen in die Provinzen, sie dienten als Büroleiter (*principes*) verschiedener Verwaltungsstäbe im Reich und als Überwacher der Staatsbetriebe und der Staatspost. Ihre Aufgabe war es, den* magister officiorum *über Landes- und Hochverrat zu informieren, beispielshalber den Briefwechsel suspekter Beamter zu kontrollieren. Diese Agenten begegnen uns mehrfach als Zeugen in Prozessen gegen hochgestellte Persönlichkeiten, denen* laesa maiestas *vorgeworfen wurde. In den Quellen genießen sie einen schlechten Ruf“*, DEMANDT, a.a.O., S. 233f. S. auch LINDER, The Jews in Imperial Roman Legislation, S. 223f., Anm. 4. – Es ist daher nicht möglich, Hieronymus, In Isaiam II,3 (Vers. 3): *„Nec mirum si apud Iudaeos omnis perierit dignitas bellatorum, cum militandi sub gladio, et arma portandi non habeant potestatem“*, Migne, PL XXIV, Sp. 59, auf dieses Gesetz zu beziehen, wie neben SEAVER, a.a.O., S. 58, auch COHEN, a.a.O., S. 17, Anm. 121, bejaht.

69 *„Jede Form des Dienstes ist* militia*: Der Kriegsdienst wird als* militia armata *abgegrenzt gegen den Hofdienst, die* militia palatina, *und den Zivildienst, die* militia officialis. *Kennzeichen des militärischen Standes war der Gürtel* balteus *... oder* cingulum *..., den auch der Kaiser selbst trug“*, DEMANDT, a.a.O., S. 255. – LINDER, The Jews in Roman Imperial Legislation, S. 280, faßt die Bestimung des Gesetzes enger auf: *„It* (sc. Cod. Theod. 16.8.24) *determined the limits of the employment of the Jews in public service offices. Three of its branches, Executive Agents, Palatins, and the Military Service, were designated as entirely closed to Jews“*. – Laut COHEN, a.a.O., S. 17, *„Honorius closed all imperial services, civil and military, to the Jews but allowed those already employed in the civil services to complete their terms of office. ... The Jews were banned only from imperial, as opposed to provincial, and local services“*.

70 *„In Iudaica superstitione viventibus adtemptandae de cetero militiae aditus obstruatur. Quicumque igitur vel inter agentes in rebus vel inter palatinos militiae sacramenta sortiti sunt, percurrendae eius et legitimis stipendiis terminandae remittimus facultatem, ignoscentes facto potius quam faventes, in posterum vero non liceat quod in praesenti paucis volumus relaxari. Illos autem, qui gentis huius perversitati devincti armatam probantur adpetisse militiam, absolvi cingulo sine ambiguitate decernimus, nullo veterum meritorum patrocinante suffragio. ... interdictam militiam pro nota non debent aestimare“*, edd. MOMMSEN / MEYER / KRÜGER, Vol. I,2, S. 893. – *„Solchen Personen, die im jüdischen Aberglauben leben, soll in Zukunft der Zugang zum kaiserlichen Dienst versperrt werden. Allen denje-*

fünfjährigen Caesar –) Valentinian (III.) erließ Theodosius II. im Jahr 425 eine weitere Konstitution (Const. Sirmond. 6), die Juden und Heiden die *„causas agendi vel militandi licentiam"* verweigerte, weil, wie es in einer dem Ämterverbot erstmals beigefügten Begründung heißt, *„Personen christlichen Bekenntnisses solchen Leuten nicht dienen* (sollen), *damit sie nicht infolge einer solchen Herrschaft eine Sekte für die verehrungswürdige Religion ein-*

nigen also, die entweder als Geheimagenten oder als kaiserliche Bedienstete einen Diensteid abgelegt haben, gestatten wir, ihre Dienstzeit abzudienen und in der vorgegebenen Zeit zu beenden, wobei wir diesen Sachverhalt mehr hinnehmen als begünstigen. Für die Zukunft soll aber nicht gestattet sein, was wir für den Augenblick wenigen großzügig einräumen. Wir dekretieren aber, daß durch eine Überprüfung festgestellt wird, wer als in den Fessseln der Verkehrtheit dieses Volkes liegend in die kaiserliche Armee eingetreten ist, und daß diese auf jeden Fall ihren Dienst quittieren müssen, ohne daß ihnen frühere Verdienste Schutz bieten. ... das Verbot der Zulassung zum kaiserlichen Dienst (müssen sie nicht) für entehrend halten", SCHRECKENBERG, a.a.O., S. 347. – Das *„ignoscentes"*, das PHARR mit *„ignore"* wiedergibt, hat jedoch die Bedeutung „verzeihen, Nachsicht üben". Wiederum finden sich Übersetzungsmängel bei SEAVER, a.a.O., S. 58: Neben *„from another occupation"* für *„de cetero"* und *„since such persons are really more ignorant than unfriendendly"* für *„ignoscentes facto potius quam faventes"* ist besonders hinzuweisen auf *„in government service or in the imperial army"* für *„inter agentes in rebus vel inter palatinos militiae"*, weil dadurch der kuriose Eindruck entsteht, die Konstitution habe die Beendigung der Dienstzeit jüdischer Soldaten gestattet und gleichzeitig deren sofortigen Ausschluß aus der Armee angeordnet. Vorzüglich ist wiederum die Übersetzung von LINDER, The Jews in Roman Imperial Legislation, S. 281f. – *„Die Hofangehörigen insgesamt heißen* palatini, *es sind die, die Zugang zum Palast haben. Ihr Dienst galt grundsätzlich als* militia. *In Abgrenzung gegen die* militia officialis *und die* militia armata *heißt der Hof* militia palatina. *Wir können drei Gruppen von Angehörigen unterscheiden: die Mitglieder des Staatsrates, die an der Regierung mitwirkten; die Garden und Leibwachen des Kaisers, sowie die persönlichen Bediensteten und sonstigen Höflinge"*, DEMANDT, a.a.O., S. 231. S. dazu ferner LINDER, a.a.O., S. 282, Anm. 2, und ebd., Anm. 6, die Bemerkungen zum Begriff *„legitimum stipendium"*. – Gegen F. LOTTER, Die Zwangsbekehrung der Juden von Menorca, in: Historische Zeitschrift 242 (1986), S. 295, Anm. 15, der (– wie VOGLER, a.a.O., S. 57 –) meinte, daß aufgrund des seines Erachtens in Cod. Theod. 16.8.16 für Juden verfügten Dienstverbotes bei den *„agentes in rebus"*, das in Cod. Theod. 16.8.24 *„wiederaufgenommen, jedoch dahingehend modifiziert* (wird), *daß die Betroffenen noch bis zur Entlassung Dienst tun dürfen"*, darauf zu schließen sei, daß Cod. Theod. 16.8.16 *„in der Zwischenzeit aufgehoben oder nie wirksam geworden* (war)", ist nun zu verweisen auf LINDER, The Jews in Roman Imperial Legislation, S. 76: "... *but this text* (sc. Cod. Theod. 16.8.16) *is too ambiguous to warrant the conclusion that from that period the office of Executive-Agent was closed to Jews and Samaritans"*. Bezüglich Cod. Theod. 16.8.24 betont LINDER, a.a.O.: *„It is evident from the phrasing of the law that at that time Jews had been serving in these three branches* (sc. agentes in rebus, palatini, milites)". – VOGLER, a.a.O., S. 57, meint, den Juden sei nur der Dienst in den Einheiten der *„scholae palatinae"*, nicht *tauschen*", das heißt nicht unter Druck zum Juden- oder Heidentum bekehrt werden. Das Verbot erlischt nach vollzogener Konversion[71]. Bei dem Verbot der „*causas agendi facultas*" handelt es sich um den Ausschluß der Juden vom Advokatenstand, der ihnen in Cod. Theod. 16.8.24 noch ausdrücklich gestattet worden war[72]. Unter der Verweigerung der „*facultas militandi*" ist ein generelles Ämterverbot zu verstehen[73].

hingegen der normale Militärdienst untersagt worden, da mit letzterem keine besonderen Vorteile verbunden gewesen seien. – Nicht mehr tragbar ist die Meinung COHENS, a.a.O., S. 17, daß „*A law of 404* (sc. Cod. Theod. 16.8.16) *removed the Jews from the unpopular* agentes in rebus ..." und „*poor enforcement rendered the law almost entirely ineffective, and it had to be repeated in stronger terms in 418*". Ähnlich bereits SEAVER, a.a.O., S. 58.

71 „*Iudaeis quoque vel paganis causas agendi vel militandi licentiam denegamus: quibus Christianae legis nolumus servire personas, ne occasione dominii sectam venerandae religionis inmutent. Omnes igitur personas erroris infausti iubemus excludi, nisi his emendatio matura subvenerit*", edd. MOMMSEN / MEYER / KRÜGER, Vol. I,2, S. 912. – „*Wir versagen auch Juden oder Heiden die Erlaubnis, als Anwalt vor Gericht aufzutreten oder im Staatsdienst tätig zu sein. Wir wollen nicht, daß Personen christlichen Glaubens diesen Leuten untertan sind, damit sie nicht aufgrund der ihnen durch das Besitzrecht gegebenen Möglichkeit die Glausbensgemeinschaft (secta) der verehrungswürdigen Religion (d. h. das Christentum) verändern. Deshalb befehlen wir, alle Personen mit diesem unseligen Irrglauben auszuschließen, wenn sie nicht Abhilfe schaffen durch einen schnellen Wandel zum Besseren*", SCHRECKENBERG, a.a.O., S. 369, dessen Auffassung der Bedeutung der Begriffe „*dominium*" und „*secta*" in diesem Kontext wir uns nicht anzuschließen vermögen. PHARR, a.a.O., S. 480 trifft mit seiner Übersetzung den Sinn des vorletzten Satzes der Verfügung ebenfalls nicht: „*It is Our will that persons of the Christian faith shall not be slaves of such persons, lest by the occasion offered by ownership they should change the sect of the venerable religion.*" PHARR mißversteht die Begriffe „*servire*", „*dominium*" und „*secta*". Richtig übersetzt LINDER, The Jews in Roman Imperial Legislation, S. 308: "... *we do not wish people of the Christian Law to serve them, lest they substitute, because of this mastery, the venerable religion by a sect.*" Über den Bedeutungsgehalt der Begriffe „*religio*", „*secta*" und „*lex*" (hier in der Bedeutung Religion) vgl. die Ausführungen bei LINDER, a.a.O., S. 56–59.

72 „*Sane Iudaeis liberalibus studiis institutis exercendae advocationis non interludimus libertatem* ...", edd. MOMMSEN / MEYER / KRÜGER, Vol. I,2, S. 893. – „*Gewiß verschließen wir wissenschaftlich gebildeten Juden nicht die Möglichkeit, den Anwaltsberuf auszuüben* ...", SCHRECKENBERG, a.a.O., S. 347. – LINDER, The Jews in Roman Imperial Legislation, S. 77, betont: „*Even after they were officially excluded from this profession in 425 ..., Jewish lawyers continued to practice, as is indicated by a law from 527* (sc. Cod. Iust. 1.5.12, ed. P. KRÜGER, Corpus Iuris Civilis, Volumen Secundum: Codex Iustinianus, 11. Aufl., Berlin 1954, S. 53ff.), *in which Justinian, together with other prohibitions against Jews and others, reinstated this ban*".

73 Unklar bleibt, auf welche „*militia*(e)" PHARR mit seiner Übersetzung „*imperial*

Nochmals aufgeführt wird das Ämterverbot für Juden in der Konstitution *„De Judaeis Samaritanis Haereticis Et Paganis"* von 438 (Theod. II. Nov. 3.1), die auch in das Breviar Alarichs übernommen wurde. Danach ist den Juden der Zugang zu *„honores et dignitates"*, also sowohl zu den leitenden wie den Ämtern in den nachgeordneten Dienststellen[74], die *„administratio"* eines *„civile obsequium"*, das heißt die Verwaltung öffentlicher Dienstleistungen[75], und das Amt des *„defensor civitatis"*[76] verwehrt; verboten ist ihnen auch die Aufsicht

service" anspielt. – SEAVERS, a.a.O., S. 63, Übersetzung *„We deny to Jews ... the right ... to serve in the army ..."* läßt unberücksichtigt, daß *„militare"* im nachklassischen Latein ganz allgemein die Bedeutung von „Dienst tun" hat. – LINDER, The Jews in Roman Imperial Legislation, S. 306, versteht unter *„militia"* die *„lower administrative echelons, where recruitment was effected not by a personal appointment but by enrollment in the ‚matricula' "*.

[74] Vgl. G. WIRTH, Art. Amt II. [1] Spätantike, in: LexMa Bd. 1 (1980), Sp. 547f. Zu der dort genannten Literatur sei die Darstellung DEMANDTS, a.a.O., S. 231ff., ergänzt.

[75] Zur Bedeutung von *„administratio"* und *„obsequium"* s. Thesaurus Linguae Latinae, Bd. 1, Sp. 730f., s.v. *„administratio* III.1", und Bd. 9,2, Sp. 182f., s. v. *„obsequium* I.A.2.b".

[76] *„368 schuf Valentinian dieses Amt, um die Bevölkerung, zunächst in Illyricum, vor den Mächtigen zu schützen. Diese Patrone sollten vom Reichspräfekten aus dem Kreise des Reichsadels – nicht des Stadtadels – bestellt werden (CTh. I 29,1). 370 verfügte Valens entsprechende Staatspatrozinien für die Landbevölkerung im Osten (29,5). Aus den übrigen Gesetzen ergibt sich, daß die* defensores *vorrangig gegen Übergriffe bei der Steuereintreibung schützen sollten, doch wurden sie 392 auch mit der Bekämpfung des Räuberwesens beauftragt. Theodosius I. beschränkte die Amtszeit auf 5 Jahre, Honorius forderte von den Defensoren Rechtgläubigkeit und gestattete den Bischöfen Mitsprache bei der Bestellung"*, DEMANDT, a.a.O., S. 335. *„Ein weiterer kaiserlicher Stadtbeamter war der* defensor civitatis. *Das Amt hatte Richterfunktion ... und galt dem Schutz des kleinen Mannes, sein Inhaber heißt darum auch* defensor plebis *oder* defensor gentis ... *Valentinian bestimmte 364, daß der* praefectus praetorio *dafür nur ehemalige Statthalter oder andere ehrenwerte* honorati *ernennen dürfe, nicht Curialen (CTh. I 29,1). 387 erhielten die Curien das Vorschlagsrecht (CTh. I 29,6), und damit verlor der* defensor *seine frühere Schutzfunktion gegen die Macht der Curie. 392 wurde ihnen umgekehrt aufgetragen, die Curialen gegen die Beamten zu schützen (CTh. I 29,7). Seit 409 wurde der* defensor *vorgeschlagen von Bischof und Klerus, den Würdenträgern* (honorati), *Grundbesitzern und Curialen. Der* praefectus praetorio *bestätigte den Erwählten. Er sollte dem Hofe alles melden, was gegen die öffentliche Ordnung und die Interessen der Großgrundbesitzer vorfalle (CJ. I 55,8;4,19)"*, DEMANDT, a.a.O., S. 404. LOTTER, Die Zwangsbekehrung der Juden von Menorca, S. 314, betont zutreffend, daß das Amt des *„defensor civitatis" „den Rahmen der Munizipalorganisation* (sprengt) *und ein Bindeglied zwischen den städtischen und staatlichen Organen des Verwaltungsapparates dar*(stellt)" und daß der im Gesetz des Honorius von 409 verfügte Wahl- und Ernennungsmodus und sein Aufgabenbereich gute Beziehungen des *defensor* nicht nur zu den Grundbesitzern und Curialen, Bischof und Klerus,

über Gefängnisse[77]. Juden, die dennoch in ein Amt gelangen, sollen dieses verlieren[78].

sondern auch *„zu den Spitzen der Verwaltungs- und Militärhierarchie des betreffenden Präfektursprengels"* voraussetzte. S. auch R. KLEIN, Art. Defensor civitatis, in: LexMa Bd. 3 (1986), Sp. 634f.; s. ferner LINDER, The Jews in Roman Imperial Legislation, S. 335, Anm. 7.

77 Theod. II. Nov. 3.1.2: *„... sancimus neminem Iudaeum, neminem Samaritam neutra lege constantem ad honores et dignitates accedere, nulli administrationem patere civilis obsequii, nec defensoris fungi saltem officio"*, edd. MOMMSEN / MEYER / KRÜGER, Vol. II, S. 8. – *„Wir bestimmen ..., daß kein Jude, kein Samaritaner, bauend auf keines der beiden Gesetzeswerke (d. h. weder das der östlichen noch der westlichen Reichshälfte beziehungsweise weder auf römisches noch jüdisches Recht; der zweite Teil der Alternative ist aber wenig wahrscheinlich) zu Amt und Würden Zugang hat; keinem soll die Verwaltung einer städtischen Dienstposition offenstehen noch soll jemand das Amt des Defensor innehaben"*, SCHRECKENBERG, a.a.O., S. 370. – Bei der Übersetzung der Wendung *„neutra lege constantem"* folgt SCHRECKENBERG dem Vorschlag von PHARR, a.a.O., S. 489, Anm. 5: *„... who relies on either law, that is, of the eastern or of the western part of the Empire; or either the Jewish or Roman law"*. LINDER, The Jews in Roman Imperial Legislation, S. 335, Anm. 6, weist auf eine weitere Interpretation hin: *„Others interpreted correctly the term 'lex' as synonymous to ‚religio', and believed that this passage concerned Samaritans, who rejected both Christianity and Judaism"*. – Theod. II. Nov. 3.1.7: *„ ... nec carcerali praesint custodiae, ne Christiani, ut fieri adsolet, nonnumquam obtrusi custodum odiis alterum carcerem patiantur, incerto an iure videantur inclusi"*, edd. MOMMSEN / MEYER / KRÜGER, Vol. II, S. 9. – *„... und sie sollen nicht Gefängniswächter sein, damit nicht Christen, was vorkommt, dem Haß der Wächter ausgesetzt, den Kerker doppelt erleiden, wobei es nicht sicher ist, ob sie zu Recht inhaftiert zu sein scheinen"*, SCHRECKENBERG, a.a.O., S. 371. Die zugehörige *„Interpretatio"* faßt den Inhalt dieser Textpassage folgendermaßen zusammen: *„Haec lex specialiter iubet, ut nullus Iudaeus, nullus Samaritanus ad nullum militiae aut administrationis honorem possit accedere neque defensoris officium nulla ratione suscipere neque carceris esse custodes, ne forsitan sub specie cuiuslibet officii Christianos vel etiam sacerdotes sub quacumque occasione iniuriis audeant fatigare ..."*, edd. MOMMSEN / MEYER / KRÜGER, Vol. II, S. 11. – *„This law specifically orders that no Jew and no Samaritan can attain any honor of the imperial service or of any administrative office. In no manner can they undertake the office of defender or be guards of a prison, lest perchance under the pretext of any duty they may dare to harass with outrages on some occasion the Christians or even their priests ..."*, PHARR, S. 490; vgl. auch die Übersetzungen von CONRAT, a.a.O., S. 159, und LINDER, The Jews in Roman Imperial Legislation, S. 331f.

78 Nov. Theod. 3.1.5: *„His adicimus... ut quisque igitur vel infulas ceperit, adquisitis dignitatibus non potiatur, ... Immo qui ad honores inrepsit, habeatur, ut antea conditionis extremae, etiamsi honorariam promeruerit dignitatem"*, edd. MOMMSEN / MEYER / KRÜGER, Vol. II, S. 8f. – *„If any person of these sects, therefore, has assumed the insignia of office, he shall not possess the dignities ... Furthermore if any of these persons has stolen into a position of honor, he shall be considered, as pre-*

Die dem Ämterverbot in der 3. Novelle des Theodosius beigefügte Begründung ist besonders ausführlich ausgefallen: *„Denn wir halten es für Sünde, daß Leute, die der höchsten Majestät und den römischen Gesetzen feindlich sind, für solche gehalten werden, welche unter dem Deckmantel einer erschlichenen Jurisdiktionsgewalt strafend unseren Gesetzen Geltung verschaffen können, und welche, gewappnet mit einer so erworbenen Amtsautorität, die Macht haben, über Christen und oft sogar über Bischöfe der heiligen Religion zu urteilen und nach Belieben ihr Votum zu verkünden, dies wie Leute, die Spott treiben mit unserer Religion"*[79]. In der zugehörigen *„Interpretatio"* lautet die Begründung folgendermaßen: *„... damit nicht die Genannten, die Feinde unseres Glaubens sind, mittels unserer Gesetze irgendwelche Personen entweder zu verurteilen oder abzuurteilen sich anmaßen"*[80]. Bereits BLUMENKRANZ hat darauf hingewiesen, daß der moralisch-rechtliche Charakter der Begründung des ursprünglichen Gesetzes in der *„Interpretatio"* einer strikt religiösen Argumentation gewichen ist[81]. Der eigentliche Grund für das Ämterverbot ist jedoch in beiden Versionen identisch, nämlich Christen nicht der Urteils- und Weisungsbefugnis jüdischer Amtspersonen

viously, of the lowest condition, even though he should have obtained an honorary dignity", PHARR, a.a.O., S. 489; vgl. auch die Übersetzung von LINDER, The Jews in Roman Imperial Legislation, S. 330. Die zitierte Passage lautet in der Fassung des Cod. Iust. 1.9.18: *„Quisquis igitur vel infulas ceperit, quaesitis dignitatibus non potiatur, vel si ad officia vetita subrepserit, his penitus repelletur ... et qui ad honores et dignitates inrepserit, habeatur, ut antea, condicionis extremae, etsi honorariam inlicite promeruerit dignitatem"*, ed. KRÜGER, S. 62. – *„Anyone, therefore, who shall take the office insignia shall not maintain the seized dignities, or if he shall steal into prohibited offices, he shall be entirely expelled from them ...; and he who shall steal the honours and dignities shall be considered, as before, of the lowest condition, even though he had illegally obtained an honorary dignity ..."*, LINDER, a.a.O., S.333.

[79] Die Übersetzung bei SCHRECKENBERG, a.a.O., S. 370. – *„Nefas quippe credimus, ut supernae maiestati et Romanis legibus inimici ultores etiam nostrarum legum subreptivae iurisdictionis habeantur obtentu et adquisitae dignitatis auctoritate muniti adversum Christianos et ipsos plerumque sacrae religionis antistites velut insultantes fidei nostrae iudicandi vel pronuntiandi quod velint habeant potestatem"*, edd. MOMMSEN / MEYER / KRÜGER, Vol. II, S. 8.

[80] Übersetzung von CONRAT, a.a.O., S. 159. – *„INTERPRETATIO. ... ne forsitan sub specie cuiuslibet officii Christianos vel etiam sacerdotes sub quacumque occasione iniuriis audeant fatigare, ne supra scripti qui inimici legis nostrae sunt legibus nostris aliquos aut condemnare aut iudicare praesumant"*, edd. MOMMSEN / MEYER / KRÜGER, Vol. II, S. 11.

[81] BLUMENKRANZ, Juifs et chrétiens, S. 341: *„Une subtilité d'invention théologique, de caractère strictement religieux, remplace ici* (sc. in der *„Interpretatio"*) *la justification d'ordre moral et civique primitivement invoquée par Théodose lui-même"*.

auszusetzen. Der gleiche Gedanke kehrt dann auch in c. 13 des Konzils von Mâcon wieder. Letzlich dürfte er zurückzuführen sein auf das im Gefolge von Röm 9,13 *„in der Alten Kirche aus Gen 25,23 entwickelte theologische Axiom, daß die Juden Sklaven der Christen beziehungsweise ihnen ganz und gar untergeordnet seien“*[82]. Als nämlich Rebekka, Isaaks Frau, mit den Zwillingen Esau und Jakob schwanger ging, da hätten sich diese im Mutterleib gestoßen. Als Rebekka darauf den Herrn gefragt habe, was aus ihr werden solle, habe dieser gesagt: *„Zwei Völker sind in deinem Leib, zwei Stämme trennen sich schon in deinem Schoß. Ein Stamm ist dem andern überlegen, der ältere muß dem jüngeren dienen“*[83]. Umgekehrt dient dann etwa in der wohl in das Ende des 5. Jahrhunderts zu datierenden pseudoaugustinischen Schrift *„Altercatio Ecclesiae et Synagogae“* die als Folge der römischen Judengesetzgebung eingetretene sozial deklassierte Stellung der Juden als Geschichtsbeweis für das Zeugnis des Alten Testamentes[84]: Denn – so führt die *„Kirche“* in dem allegorischen Streitgespräch als Beweis für die Unterwerfung der *„Synagoge“* unter die christliche Herrschaft u.a. aus – *„du,* [Synagoge], *kannst die Herrschaft* („imperium“) *nicht erlangen, und die Präfektur nicht einnehmen; ein Jude darf nicht* „comes“ *sein; der Zugang zum Senat ist dir verwehrt; die Präfektur kennst du nicht; zur* „militia“ *wirst du nicht zugelassen; die Tafeln der Reichen erreichst du nicht; den Stand der* „clarissimi“[85] *hast du verloren: all das ist dir nicht gestattet“*[86].

[82] SCHRECKENBERG, a.a.O., S. 400. Zu Esau und Jakob als Sinnbild für Juden und Christen vgl. BLUMENKRANZ, Die Judenpredigt Augustins, bes. S. 66, 100, 169f. (in Anm. 25, S. 170 Verzeichnis der wichtigsten patristischen Quellenbelege).

[83] „(Abraham) .. *duxit uxorem Rebeccam ... deprecatusque est Dominum pro uxore sua eo quod esset sterilis qui exaudivit eum et dedit conceptum Rebeccae sed collidebantur in utero eius parvuli quae ait si sic mihi futurum erat quid necesse fuit concipere perrexitque ut consuleret Dominum qui respondens ait duae gentes in utero tuo sunt et duo populi ex ventre tuo dividentur populusque populum superabit et maior minori serviet*“, Gen 25,20–23.

[84] Vgl. BLUMENKRANZ, Die Judenpredigt Augustins, S. 55, 66f.; DERS., Juifs et Chrétiens, S. 78; SCHRECKENBERG, a.a.O., S. 354.

[85] So emendiert SEAVER, a.a.O., S. 78, den bei Migne, PL 42, Sp. 1133, gedruckten Text, der bis auf die Interpunktion mit der in der folgenden Anmerkung zitierten Ausgabe von G. SEGUI-VIDAL übereinstimmt.

[86] „(Ecclesia dixit)... *ad imperium non accedis, habere non potes praefecturam, Iudaeum esse comitem non licet, senatum tibi introire prohibetur, praefecturam nescis, ad militiam non admitteris, mensas divitum non attingis, charismatis ordinem perdidisti: totum tibi non licet*“, ed. G. SEGUI-VIDAL, in: Boletín de la Sociedad Arqueolog. Lul. 31 (1954), S. 41, zitiert bei LOTTER, Die Zwangsbekehrung der Juden von Menorca, S. 319, Anm. 86, der, ebd., S. 314–319, gezeigt hat, daß auch solche hohen Ämter von Juden bekleidet wurden.

Das im merowingischen Frankenreich in Vergessenheit geratene beziehungsweise nicht mehr beachtete Verbot des Zuganges für Juden zu den öffentlichen Ämtern wird, beginnend mit dem Konzil von Clermont des Jahres 535, wieder in Erinnerung gerufen und mit dem Edikt Chlothars II. von 614 auch Bestandteil des weltlichen Rechts. Die in Art. 10 dieses Ediktes enthaltene Anspielung auf die in der „*lex*" verfügte Sanktion für die Übertretung dieses Verbotes erlaubt den Schluß, daß dabei die in der *Lex Romana Visigothorum* enthaltene 3. Novelle Theodosius II. als Grundlage diente.

IV.

Weder im kirchlichen noch im weltlichen Recht finden sich Vorbilder für die in drei Kanones der merowingischen Konzilien niedergelegten speziellen Verhaltensvorschriften für Juden[87], denen jetzt unsere Aufmerksamkeit gelten soll: In seinem c. 33(30) verfügte das dritte Konzil von Orléans: *„Weil wir, Gott sei Dank, unter rechtgläubigen Königen leben, sollen die Juden sich nicht erdreisten, vom Tag des Abendmahles des Herrn an bis zum zweiten Wochentag (d.h. bis Ostermontag), also während vier Tagen, sich unter Christen zu zeigen und, an welchem Ort und bei welcher Gelegenheit auch immer, Kontakte mit Katholiken zu haben"*[88].

[87] Cod. Theod. 15.5.5 von 425, der den Christen an Sonntagen und den hohen Feiertagen des Kirchenjahres den Besuch von Theater- und Zirkusveranstaltungen untersagt, fordert auch von den Juden und Heiden, auf die christlichen Feiertage Rücksicht zu nehmen: *„Dominico, qui septimanae totius primus est dies, et natali adque epifaniorum Christi, paschae etiam et quinquagesimae diebus, quamdiu caelestis lumen lavacri imitantia novam sancti baptismatis lucem vestimenta testantur, quo tempore et commemoratio apostolicae passionis totius Christianitatis magistrae a cunctis iure celebratur, omni theatrorum adque circensium voluptate per universas urbes earundem populis denegata totae Christianorum ac fidelium mentes dei cultum occupentur. Si qui etiamnunc vel Iudaeae impietatis amentia vel stolidae paganitatis errore adque insania detinentur, aliud esse supplicationum noverint tempus, aliud voluptatum. ..."* edd. MOMMSEN / MEYER / KRÜGER, Vol. I/2, S. 820. – *„On the following occasions all amusements of the theaters and the circuses shall be denied throughout all cities to the people thereof, and the minds of Christians shall be wholly occupied in the worship of God: namely, on the Lord's day, which is the first day of the whole week, on the Natal Day and Epiphany of Christ, and on the day of Easter and of Pentecost, as long as the vestments that imitate the light of the celestial font attest to the new light of holy baptism; at the same time also when the commemoration of the Apostolic Passion, the teacher of all Christianity, is duly celebrated by everyone. If any persons even now are enslaved by the madness of the Jewish impiety or the error and insanity of stupid paganism, they must know that there is a time for prayer and a time for pleasure. ..."*, PHARR, a.a.O., S. 433.

[88] SCHRECKENBERG, a.a.O., S. 400. – *„Quia Deo propitio sub catholicorum regum dominatione consistimus, Iudei a die cinae Domini usque in secunda sabbati in pasca, hoc est ipso quatriduo, procedere inter Christeanus neque catholicis populis se ullo loco uel quacumque occan(sic)sione miscire praesumant"*, ed. DE CLERCQ, S. 126.

Erneut erscheint diese Vorschrift in c. 14 des Konzils von Mâcon: *„Den Juden* (soll) *vom Mahle des Herrn (d.h. von Gründonnerstag bzw. Karfreitag) bis zum ersten Tag des Passahfestes (d.h. bis Ostersonntag) gemäß einer Verfügung des Herrn Childebert, die noch in lebhafter Erinnerung ist, untersagt* (werden), *auf den Straßen oder auf dem Markt provokativ spazieren zu gehen*"[89].

Wenngleich die im 14. Kanon von Mâcon erwähnte Verfügung des Dekretes Childeberts I. an anderer Stelle nicht überliefert ist[90], so wurde doch offenbar schon lange vor dem Edikt Chlothars II. von 614 eine die Juden betreffende Bestimmung Bestandteil des weltlichen Rechtes im Frankenreich[91], wofür auch spricht, daß man zur Durchsetzung des verfügten Verbotes auf die Macht des weltlichen Armes angewiesen war. Die Vermutung, das Verbot sei erlassen worden, um die Juden gegen Ausschreitungen zu schützen beziehungsweise die öffentliche Ordnung aufrechtzuerhalten, scheint naheliegend angesichts der Beschuldigung der Juden als Christusmörder, deren Verstocktheit im Rahmen der Karfreitagsliturgie besonders erwähnt wurde[92], wodurch Ausbrüche des Volkszornes gegen die Juden während des Gedächtnisses der Passion Jesu während der Karwoche begünstigt werden mochten[93]. BLUMENKRANZ ist der Ansicht, mit der fraglichen Verordnung habe die Religion ohne jegliche Begründung in das soziale Zusammenleben eingegriffen. Selbst wenn,

[89] SCHRECKENBERG, a.a.O., S. 417. – *„Vt Iudaeis a cena Domini usque prima pascha secundum edictum bonae recordationis domni Childeberti regis per plateas aut forum quasi insultationis causa deambulandi licentia denegetur"*, ed. DE CLERCQ, S. 226.

[90] Vgl. dazu A. BORETIUS, M.G.H. Leg. Sect. II: Capitularia regum Francorum, Tom. 1, S. 3, Anm. f, der betont, daß nicht sicher sei, ob die von G.H. PERTZ im 1. Bd. der Folio-Ausgabe der Leges dem Schreiben Childeberts aufgrund der Aussage des c. 14 von Mâcon angefügte Bestimmung über das Verhalten der Juden Bestandteil des königlichen Schreibens gewesen sei.

[91] Die Feststellung PONTALS, a.a.O., S. 157, der *„Kanon 14, der behauptet, er stütze sich auf ein Edikt des Königs Childebert,"* erinnere eher an den c. 14 des Konzils von Orléans (538), schließt eine königliche Verfügung gleichen oder ähnlichen Inhaltes nicht aus.

[92] Eine Erwähnung des Karfreitagsgebetes für die Juden findet sich bei Gregor von Tours: *„Sacerdos quoque orans* (pro Iudaeis), *ut, conversi ad Dominum, velamen ab eis litterae rumperetur, quidam ex his ad sancta pascha ut baptizaretur expetiit..."*, Historiarum Libri Decem V,11, ed. R. BUCHNER (Ausgewählte Quellen zur Geschichte des deutschen Mittelalters, Freiherr vom Stein-Gedächtnisausgabe, Bd. II), 5. Aufl., Darmstadt 1977, S. 296. S. dazu KATZ, a.a.O., S. 28f.; L. CANET, La prière „Pro Judaeis" de la liturgie catholique romaine, in: Revue des Études Juives 51 (1911), S. 213–221.

[93] PONTAL, a.a.O., S. 265, und BLUMENKRANZ, s. die folgende Anm.

was nicht abwegig erscheine, Ausbrüche des Volkszornes der Grund für die Verfügung gewesen seien, so hätte man doch nicht den Fehler gemacht, diesen ausdrücklich zu benennen. Es handele sich vielmehr um eine seitens des Klerus genau überlegte Maßnahme, um die Trennung zwischen Christen und Juden besonders kraß erscheinen zu lassen[94].

Ein solcher Schutz mag vielleicht eine Folge dieser Verordnungen gewesen sein, die eigentliche Absicht des Gesetzgebers war er aber ausweislich des Wortlautes der beiden Kanones nicht; denn, wie auch BLUMENKRANZ richtig festgestellt hat, begündet der c. 33(30) von Orléans III das Verbot damit, daß man unter katholischen Herrschern lebe, während sich der c. 14 von Mâcon als Reaktion auf ein provokantes Verhalten seitens der Juden gibt.

Die besondere Betonung des katholischen Bekenntnisses der merowingischen Herrscher in c. 33(30) darf man mit der zwei Jahre vor dem 3. Aurelianense erfolgten Angliederung der bis 536 unter der Herrschaft der arianischen Ostgoten stehenden Provence an das Frankenreich[95] in Beziehung setzen, deren Haltung den Juden gegenüber ebenso wie die der arianischen Westgoten von Toleranz geprägt war[96]. Im ehemaligen Herrschaftsbereich der Westgoten, Ostgoten und Burgunder[97] dürften zudem die meisten der im Merowinger-

[94] „*Le c. 30 qui nous intéresse ici se réclame, dans son préambule, du fait que le concile légifère* (– hier offensichtlich falsches Verständnis des Verbums „*consistimus*" –) *sous un roi catholique ... et de là il prétend tirer la justification pour la disposition suivante ... Sans justification aucune, le religieux empiète ici sur le social. Est-ce par souci du maintien de l'ordre public? Si, en effet, en ces jours commémoratifs de la Passion, il fallait redouter quelque explosion de la rancune populaire contre les Juifs, le canon ne serait pas fait faute de le dire. Bien plus que du souci de l'ordre public, ce texte témoigne de la volonté délibérée du clergé de séparer, par une mesure autoritaire et de la manière la plus voyante, Juifs et Chrétiens. ... Enfin, l'interdiction* (sc. des c. 14 von Mâcon) *est présentée comme si elle devait répondre à une provocation des Juifs qui, en se promenant en ces jours, voudraient braver les chrétiens*", Juifs et Chrétiens, S. 316f.

[95] S. dazu E. EWIG, Die fränkischen Teilungen und Teilreiche (511–613), Akademie der Wissenschaften und der Literatur Mainz, Abhandlungen der geistes- und sozialwissenschaftlichen Kl., Bd. 9, Wiesbaden 1953, S. 671ff.; jetzt auch in: DERS., Spätantikes und merowingisches Gallien, Bd. 1 (Beihefte der Francia, Bd. 3/2), München 1976, S. 130f.; ferner DERS., Die Merowinger und das Frankenreich, Stuttgart-Köln-Berlin-Mainz 1988, (Kohlhammer Tb, Bd. 397), S. 35ff.

[96] Vgl. dazu BACHRACH, Early Medieval Jewish Policy in Western Europe, S. 3–7 (Westgoten); 27–33 (Ostgoten).

[97] Hingewiesen sei in diesem Zusammenhang auf den Titel 102 des burgundischen Liber Constitutionum: „*De Iudaeis, qui in Christianum manum praesumpserint mittere. [1.] Quicumque Iudaeus in Christianum manum praesumpserit mittere, pugno aut calce aut fuste aut flagello aut saxo, aut per capillos prehenderit, iubemus, ut manus incisione damnetur. [2.] Quod si voluerit manum suam redimere, LXXV*

reich ansässigen Juden gesiedelt haben[98]. Offenbar zeigten die Juden, ohne auf die religiösen Gefühle der Christen Rücksicht zu nehmen, gerade während der Gedächtnisfeier des Todes und der Auferstehung Jesu demonstrativ in der Öffentlichkeit Präsenz. Leider erfahren wir nichts darüber, was im Verhalten der Juden in der besagten Zeit man christlicherseits als so beleidigend emp-

solidis eam iubemus redimere, et multae nomine solidis XII. [3.] Praeterea iubemus, si in sacerdotem manum praesumpserit mittere, tradatur ad mortem, et facultas ipsius fisco nostro tradatur", ed. L.R. DE SALIS, M.G.H. Leg. Sect. I, Tom. II/I, S. 114. – *„Von Juden, die es wagen, sich an einem Christen zu vergreifen. 1. Vergreift ein Jude sich an einem Christen, sei es mit Faustschlag, Fußtritt, Stock- und Geißelhieben oder Steinwurf, oder zerrt er ihn am Haar, da hat das Urteil auf Abhauen der Hand zu gehen. 2. Will er dann seine Hand auskaufen, so soll er sie mit 75 Schill. [an den Verletzten] auslösen und mit 12 Schill. Strafgeld. 3. Zudem verfügen Wir: vergreift er sich an einem Priester, so liefere man ihn zur Todesstrafe aus, und sein Vermögen sei an unsere Kammer auszufolgen*", F. BERYERLE, Gesetze der Burgunden (Germanenrechte. Texte und Übersetzungen, Bd. 10), Weimar 1936, S. 127f. – Schon PARKES, a.a.O., S. 322, äußerte die Vermutung, daß *„they* (sc. the Jews) *were prepared to give back violence with violence*". BLUMENKRANZ hat darauf aufmerksam gemacht, daß der Liber Constitutionum nur an dieser Stelle neben der sonst üblichen Differenzierung zwischen Freien und Unfreien, Burgundern und Romanen zusätzlich noch die Juden unterscheidet. Wenn also die Juden offensichtlich normalerweise wie Romanen behandelt wurden, dann bleibe als Grund für diese Abweichung von der Regel, so die überzeugende Folgerung von BUMENKRANZ, nur der Bereich der Religion, denn diesbezüglich kam den Juden innerhalb des romanischen Bevölkerungsteiles ein Sonderstatus zu. *„Texte* (sc. Liber Constitutionum Titel 102) *isolé ... à l'intérieur de la Loi Burgonde même. Elle* (sc. la Loi Burgonde) *est remplie de dispositions au sujet de délits ou de crimes, commis par des libres ou des non-libres, des Burgondes ou des Romains, sans jamais prévoir ailleurs encore le groupe supplémentaire des Juifs. C'est qu'ils rentrent entièrement dans la catégorie des Romains: ils subissent, avec eux, pour les mêmes crimes les mêmes sanctions, ils sont protégés avec eux, ayant droit aux mêmes compositions. ... Texte isolé parce que probablement texte exceptionnel. Il correspond sans doute à une situation où les Juifs – pour des motifs religieux, bien entendu – quittèrent le terrain de la seule controverse verbale; dans la concurrence missionaire, il leur arrive d'aller jusqu'à des voies de fait. Et c'est là probablement que cette loi doublement exceptionnelle fut créée: pour protéger de leurs attaques les chrétiens et enrayer leur combativité. Si notre explication est juste, il ne s'agit plus d'une criminalité de droit commun qui trouve une répression exceptionnelle quand elle a un Juif pour auteur, mais plutôt d'une criminalité pour motifs religieux, comparable à celle que de nos jours nous rangeons sous la rubrique de criminalité politique, et où la mesure spéciale se justifie amplement*", BLUMENKRANZ, Juifs et chrétiens, S. 366f. – Demgegenüber bleibt die Betrachtungsweise von BACHRACH, Early Medieval Jewish Policy in Western Europe, S. 51, dem Vordergründigen verhaftet: *„It would be unwise to conclude from this legislation that the Jews of the Burgundian kingdom were a particularly violent lot who had to be deterred from this predilection by more severe* fand[99]. Daß es den Juden an Selbstbewußtsein nicht mangelte, zeigt der bereits erwähnte c. 14 von Mâcon, der sich auch über das Betragen der Juden gegenüber den christlichern Klerikern beschwerte: „*sie* (sc. die Juden, sollen) *allen Priestern des Herrn oder Klerikern Ehrerbietung erweisen und es nicht wagen, sich vor ihnen zu setzen außer nach Aufforderung. Sollte jemand gewagt*

punishments than those decreed to restrain Christians and pagans. The existence of a special enactment stipulating the death penalty for Jews who attacked Christian priests might suggest, however, that the clergy had been victims of Jewish violence or that perhaps they feared such action. Such a conclusion would be tenuous, however, in the light of the many Burgundian Church councils concerning such possible conflict". Der Hinweis auf die „*vielen*" burgundischen Konzilien hat wenig Gewicht, da von den vier bekannten neben den Akten von Epaon nur die eines weiteren Konzils (Lyon ca. 518/19) bekannt sind, das sich zudem ausschließlich mit den durch einen besonderen Ehefall ausgelösten politischen und rechtlichen Problemen befaßte. Vgl. dazu P. MIKAT, Die Inzestgesetzgebung der merowingisch-fränkischen Konzilen, Paderborn-München-Wien-Zürich 1994, S. 107ff. Der Titel 102 bedarf noch weiterer Klärung.

98 Vgl. PARKES, a.a.O., S. 312; F. BATTENBERG, Das europäische Zeitalter der Juden. Zur Entwicklung einer Minderheit in der nichtjüdischen Umwelt Europas, Teilbd. I: Von den Anfängen bis 1650, Darmstadt 1990, S. 45–47.

99 PARKES, a.a.O., S. 332, bemerkt zu dem Problem: „*Childebert I repeated the conciliar canon* (sc. c. 33(30) von Orléans III) *forbidding the Jews to appear in the streets at Easter, and added a clause that they only did so to mock at the Christians.*" A.a.O., Anm. 1 fügt er an, daß „*The passage, however, is a restauration from the canon*" (offenbar c. 14 von Mâcon, s. dazu oben S. 38). „*The necessity for this action is revealed in a general precept of his about the discgraceful conduct of Christians at these seasons: ‚We have received a complaint that many sacrilegious actions take place among the people, whence God is injured, and the people commit mortal sin: we hear of nights spent in drunkenness, scurrility and singing, and even on the sacred days of Easter, Christmas and the other feasts of the Church and on Sundays dancers(?) circulate in the „villas".' It can well be imagined that such occasions gave opportunities for Jews to poke fun at the ceremonies involved*". Leider wird nicht klar, an welche Zeremonien PARKES denkt. Daß man es seitens des kirchlichen Gesetzgebers als beleidigend empfunden hätte, wenn sich die Juden über Christen lustig machten, die sich auch an Ostern der Trunksucht, Possenreißerei, Gesang und Tanzdarbietungen hingaben („*Ad nos* (sc. Childebertum regem) *quaeremonia processit, multa sacrilegia in populo fieri, unde Deus ledatur et populos per peccatum declinet ad mortem: noctes pervigiles cum ebrietate, scurrilitate vel cantecis, etiam in ipsis sacris diebus pascha, natale Domini et reliquis festivitatibus vel adveniente die dominico bansatrices* (sic) *per villas ambulare*", Childeberti I. regis praeceptum, ed. BORETIUS, S. 3), ist wohl nicht sehr wahrscheinlich. Allerdings sieht aber offenbar auch PARKES im Verhalten der Juden den Auslöser für die rechtliche Bestimmung.

haben, dagegen zu verstoßen, soll er, nach Maßgabe der Person, von dem örtlichen Richter gemaßregelt werden"[100]. Das Verhalten der Juden wird verständlich, wenn man sich bewußt macht, daß die Priester des christlichen Kultes für sie keine Autoritätspersonen darstellten.

Das gleiche Konzil schärfte darüber hinaus in seinem c. 2 ein: „*Vor allem die Juden sollen es nicht wagen, um welche Angelegenheiten es auch immer gehen mag, mit den Gott geweihten Mädchen innerhalb des Klosters ein vertrauliches Gespräch zu führen oder sich dort in vertrauter Weise zu bewegen oder zu verweilen*"[101]. SCHRECKENBERG meint, daß sich hier „*der vielleicht auch bei manchen Kirchenvätern sichtbare christlich asketische Argwohn gegen die Sinnlichkeit und Unsittlichkeit der Juden, der natürlich auch jüdischen Kaufleuten galt, die etwa in Geschäftsbeziehungen zu Klöstern standen*"[102], melde. Näherliegend scheint uns aber auch hier, daß die Bestimmung eine Reaktion auf die im c. 14 konkret benannte Verhaltensweise der Juden, die sich offenbar um die für sie ebenso unverständlichen wie unverbindlichen Regeln monastischen Zusammenlebens wenig kümmerten, darstellt[103].

[100] SCHRECKENBERG, a.a.O., S. 417. – „*... et ut reuerentiam cunctis sacerdotibus Domini uel clericis inpendant nec ante sacerdotes consessum nisi ordenati habere praesumant. Qui si facere fortasse praesumpserit, a iudicebus locorum, prout persona fuerit, distringatur*", ed. DE CLERCQ, S. 226.

[101] SCHRECKENBERG, a.a.O., S. 416. – „*Praecipue Iudaei non pro quorumcumque negutiorum occationes puellis intra monastirium Deo decatis aliquid secretius conloqui aut familiaritatem uel moras ibi habere praesumant*", ed. DE CLERCQ, S. 224.

[102] SCHRECKENBERG, a.a.O., S. 416f.

[103] Ähnlich bereits PARKES, a.a.O., S. 330: „*But this matter* (sc. der in c. 14 behandelte Tatbestand) *concerns rather the morality of nuns than the disabilities of Jews*".

V.

Ein besonderer Stellenwert kommt innerhalb der Judengesetzgebung der merowingisch-fränkischen Konzilien dem Problem der in jüdischem Besitz befindlichen christlichen Sklaven zu, auf das allein sieben der insgesamt sechzehn die Juden betreffenden Kanones eingehen; diese sieben Kanones verteilen sich auf fünf der neun merowingischen Konzilien, von denen Judengesetze erlassen wurden.

Den Beginn macht das dritte Konzil von Orléans (538) mit seinem c. 14(13): „*Wenn christlichen Judensklaven von ihren Herren auferlegt wird, was die christliche Religion ihnen verbietet oder wenn sie (d.h. jüdische Besitzer christlicher Sklaven) von der Kirche bereits Entsühnte wegen des verziehenen Vergehens etwa zu bestrafen oder zu schlagen wagen und sie (d. h. die Sklaven) erneut zur Kirche ihre Zuflucht nehmen, daß sie dann keinesfalls von dem Priester wieder (dem jüdischen Besitzer) überstellt werden sollen, es sei denn, der Taxwert des Sklaven wird erlegt*“[104]. Danach gewährt die Kirche christlichen Judensklaven ihren Schutz bei Vorliegen folgender Sachverhalte: Anordnung einer gegen die christliche Lehre verstoßenden Verrichtung oder Strafe beziehungsweise körperliche Züchtigung für ein von der Kirche bereits verziehenes Vergehen.

Die zu Beginn des c. 14(13) den christlichen Sklaven gewährte Garantie zur Ausübung ihrer Religion ist nach BLUMENKRANZ keine Besonderheit, vielmehr stände sie in der Tradition des c. 27 von Orléans I von 511, der dieses Recht den christlichen Sklaven gewährte[105], und sie sei beeinflußt durch das

[104] SCHRECKENBERG, a.a.O., S. 400, dessen Ergänzung in der letzten Klammer („*dem Sklavenstatus*„) wir geändert haben. – „*De mancipiis Christianis, quae in Iudaeorum seruitio ditenentur, si eis, quod Christiana religio uetat, a dominis inponitur aut si eos, quos de eclesia excusatos tollent, pro culpa, quae remissa est, adfligere aut caedere fortasse praesumpserint et ad ecclesiam iterato confugerint, nullatinus a sacerdote reddantur, nisi praecium offeratur hac detur, quod mancipia ipsa ualere pronunciauerit iusta taxacio*“, ed. DE CLERCQ, S. 120.

[105] „*Rogationes, id est laetanias, ante ascensionem Domini ab omnibus ecclesiis placuit celebrari, ita ut praemissum triduanum ieiunium in Domenicae ascensionis festiuitate soluatur; per quod triduum serui et ancillae ab omni opere relaxentur, quo magis plebs uniuersa conueniat. Quod triduo omnis absteneant et quadraginsimalibus cibis utantur*“, ed. DE CLERCQ, S. 11f.

römische Recht[106]. In seiner *„scheinbaren Unschuld"* habe aber der Kanon dem Mißbrauch Tür und Tor geöffnet. In Frage gestellt worden sei durch ihn nämlich die Bestrafung der christlichen Judensklaven auch für im Dienst zum Nachteil ihres Herrn begangene Vergehen, denn selbst jeder kleine Diebstahl habe nach kirchlicher Absolution durch die jüdischen Besitzer christlicher Sklaven nicht mehr verfolgt werden können. Darüber hinaus sei der c. 14(13) ein Beleg für das Bestreben der Kirche, ihre Rechtsprechung auf möglichst viele Sachen (*causa materiae*) wie Personen (*causa personarum*) auszudehnen. Da sie sich ganz allgemein zur Beschützerin der Sklaven gemacht habe, sei es verständlich, daß sie namentlich die Jurisdiktion bezüglich der christlichen Judensklaven für sich beanspruchte. Durch die einseitige Entscheidung über den Loskauf des Sklaven, an der der Jude ebensowenig beteiligt gewesen sei wie an der Festsetzung des Preises, sei das Besitzrecht der Juden in Frage gestellt worden[107].

Dieser Interpretation zufolge hätten sich aus dem c. 14(13) von Orléans III nur Nachteile für die jüdischen Besitzer christlicher Sklaven ergeben. Demgegenüber gilt es aber zu betonen, daß das Verhalten der Kirche, die das jüdische Besitzrecht an christlichen Sklaven nicht in Frage stellt, ausweislich der Verfügungen unseres Kanons nicht gerade den Eindruck erweckt, als habe sie sich *„allgemein zur Beschützerein der Sklaven"* gemacht. Gerade das Verfahren, dem christlichen Sklaven für ein im Dienst begangenes Vergehen zwar die Absolution zu erteilen, ihn danach aber unter der Auflage der

[106] Cod. Theod. 16.9.3. S. unten S. 72f.

[107] *„Il est parfaitement normal que l'esclave chrétien soit protégé dans la pratique intégrale de sa religion, comme notre canon le stipule au début, s'inspirant, d'ailleurs, de la législation romaine. Mais, dans ce qui suit, dans son apparante innocence, il ouvre la porte à tous les abus. Interdisant au maître juif de punir toute faute dont l'Église leur a fait grâce, il met en cause la justiciabilité des esclaves pour les fautes commises au service et au préjudice du maître juif. Tout larcin dont se serait rendu coupable l'esclave, si un prêtre lui en a donné l'absolution , ne pourra plus être poursuivi par le maître juif frustré. Il y a ici, à propos des esclaves, une application des dispositions légales qui excluent les Juifs de la fonction de juge. Par ailleurs, il y a ici également une manifestation de la tendence de l'Église à se réserver la juridiction dans le plus grand nombre des causes, que ce soit en considération de l'affaire débattue,* causa materiae, *ou en considération des personnes impliquées,* causa personarum. *Il est vrai qu'elle s'est instituée, d'une manière générale, la protectrice des esclaves; elle ne manque pas alors de logique quand elle réclame pour elle le droit à leur jurisdiction lorsque, notamment, ils appartiennent à des maîtres juifs. Il n'empêche que, par le truchement du problème des esclaves, tout le droit des Juifs à la propriété est désormais mis en cause, puisque le rachat de ces esclaves peut être décidé d'une manière unilatérale, sans que le maître juif puisse y intervenir, aussi peu d'ailleurs que pour le fixation de son prix"*, Juifs et Chrétiens, S. 188f.

Strafverschonung an seinen jüdischen Herrn zurückzuschicken, verdeutlicht die Absicht, die seitens der Kirche mit der an bestimmte Bedingungen gebundenen Asylgewährung für christliche Sklaven verfolgt wurde. Ihr Zweck bestand nicht in der durch Loskauf zu erzielenden Befreiung christlicher Glaubensbrüder aus jüdischer Sklaverei, sondern es ging einzig und allein darum, eine Beeinträchtigung des Glaubens der christlichen Sklaven und der geistlichen Autorität der Kirche zu verhindern.

Um die Bestimmungen des c. 14(13) von Orléans III richtig beurteilen zu können, ist neben dem Verweis auf den c. 27 auch ein Hinweis auf den c. 3 des ersten Aurelianense erforderlich[108], der bestimmt, daß ein Sklave, der sich wegen eines von ihm begangenen Vergehens in den Schutz der Kirche begeben hat, zu seinem Herrn zurückzukehren hat, nachdem dieser ihm eidlich Straffreiheit zugesichert hat. Bricht der Herr seinen Eid, droht ihm die Exkommunikation. Weigert sich der Sklave nach Eidesleistung des Herrn, das kirchliche Asyl zu verlassen, darf ihn der Herr gewaltsam zurückholen[109].

[108] So bereits CH. J. VON HEFELE / H. LECLERCQ, Histoire des conciles d'après les documents originaux, Tome II/2, Paris 1908, S. 1158f.

[109] *„Seruus qui ad ecclesia* (sic) *pro qualibet culpa confugerit, si a domino pro admissa culpa sacramenta susciperit, statim ad seruitium domini redire cogatur; sed posteaquam datis a domino sacramentis fuerit consignatus, si aliquid poenae pro eadem culpa, qua excusatur, probatus fuerit pertulisse, pro contemptu ecclesiae uel praeuaricatione fidei a communione et conuiuio catholicorum, sicut superius conpraehensum est, habeatur extraneus. Sin uero seruus pro culpa sua ab ecclesia defensatus sacramenta domini clericis exigentibus de inpunitate perciperit, exire nolentem a domino liceat occupari"*, ed. DE CLERCQ, S. 5f. – Den gleichen Tatbestand behandelt (– häufig in wörtlicher Anlehnung an c. 3 von Orléans I –) auch der c. 22 von Orléans V, der aber zusätzlich noch auf nichtchristliche beziehungsweise nichtorthodoxe Sklavenbesitzer eingeht: *„De seruis uero, qui pro qualibet culpa ad eclesiae septa confugerint, id statuimus obseruandum, ut, sicut in antiquis constitutionibus tenetur scriptum, pro concessa culpa datis a domino sacramentis, quisquis ille fuerit, egrediatur de uenia iam securus. Enimuero si inmemor fidei dominus transcendisse conuincitur quod iurauit, ut is, qui ueniam acciperat, probetur postmodum pro ea culpa qualicumque supplicio cruciatus, dominus ille, qui inmemor fuit datae fidei, sit ab omnium conmunione suspensus. Iterum si seruus de promissione ueniae datis sacramentis a domino iam securus exire noluerit, ne sub tali contumacia requirens locum fugae domino fortasse dispereat, egredi nolentem a domino eum liceat occupari, ut nullam quasi pro retentatione serui quibuslibet modis molestiam aut calumniam paciatur eclesia: fidem tamen dominus, quam pro concessa uenia dedit, nulla temeritate transcendat. Quod si aut gentilis dominus fuerit aut alterius sectae, qui a conuentu ecclesiae probatur extraneus, is, qui seruum repetit, personas requirat bonae fidei Christianas, ut ipsi in persona domini seruo praebeant sacramenta; quia ipsi possunt seruare, quod sacrum est, qui pro transgressione ecclesiasticam metuunt disciplinam"*, ed. DE CLERCQ, S. 156. – Die Frage wird nochmals aufgenommen durch den c. 9 des Konzils von

Die Abhängigkeit des c. 3 von Orléans I von den einschlägigen Bestimmungen des Cod. Theod. ist eindeutig. Das (– wie LANGENFELD gezeigt hat[110] –) erst durch Theodosius II. durch ein Edikt vom 23.3.431 begründete Asylrecht der christlichen Kirchen, das als viertes und umfangreichstes

Clichy: „*Si quis fugitiuum ab ecclesia absque sacramento quacumque occan(sic)sione subtraxerit, a communione priuetur. Nam seruus*(sic) *accepto sacramento dominis propriis ab ecclesia produci licet. Si quis ius sacramenti prestitum temerauerit, communione priuetur. Nam hoc in ecclesia fugientibus est iurandum, quod de uita, tormento et truncatione securi exeant. Aliter si quis de ecclesia abstraxerit, communione priuetur, quod etiam in antiquis canonibus est preceptum. Ille uero qui sancte ecclesiae beneficio liberatur a morte, non prius egrediendi accipiat libertatem, quam paenitentiam se pro scelere peccatorum agere promittat*", ed. DE CLERCQ, S. 293. – Vgl. dazu O. TIMBAL DULCAUX DE MARTIN, Le droit d'asile, Paris 1939, S. 99–106.

110 A.a.O., S. 107–209, bes. S. 127–144.

111 „*Pateant summi dei templa timentibus; nec sola altaria et oratorium templi circumiectum, qui ecclesiae quadripertito intrinsecus parietum saeptu concludit, ad tuitionem confugientium sancimus esse proposita, sed usque ad extremas fores ecclesiae, quas oratum gestiens populus primas ingreditur, confugientibus aram salutis esse praecipimus, ut inter templi quem parietum describsimus cinctum et post loca publica ianuas primas ecclesiae quidquid fuerit interiacens sive in cellulis sive in domibus hortulis balneis areis atque porticibus, confugas interioris templi vice tueatur. Nec in extrahendos eos conetur quisquam sacrilegas manus inmittere, ne qui hoc ausus sit, cum discrimen suum videat, ad expetendam opem ipse quoque confugiat. Hanc autem spatii latitudinem ideo indulgemus, ne in ipso dei templo et sacrosanctis altaribus confugientem quemquam manere vel vescere, cubare vel pernoctare liceat: ipsis hoc clericis religionis causa vetantibus, ipsis, qui confugiunt, pietatis ratione servantibus. Arma quoque in quovia telo, ferro vel specie eos, qui confugiunt, minime intra ecclesias habere praecipimus, quae non modo a summi dei templis ac divinis altaribus prohibentur, sed etiam cellulis domibus hortulis balneis areis atque porticibus. Proinde hi, qui sine armis ad sanctissimum dei templum aut ad sacrosanctum altare sive usquam gentium sive in hac alma urbe* (sc. Konstantinopel) *confugiunt, somnum intra templum sive ipsum altare vel omnino cibum capere absque aliqua eorum iniuria ab ipsis clericis arceantur, designantibus spatia, quae in ecclesiasticis saeptis eorum tuitioni sufficiant, ac docentibus capitalem poenam esse propositam, si qui eos conentur invadere. Quibus si perfuga non adnuit neque consentit, praeferenda humanitati religio est a divinis ad loca quae diximus turbanda temeritas. Hos vero, qui templa cum armis ingredi audent, ne hoc faciant, praemonemus; dein si telis cincti quovis ecclesiae loco vel ad templi saepta vel circa vel extra sint, statim eos, ut arma deponant, auctoritate episcopi a solis clericis severius conveniri praecipimus, data eis fiducia, quod religionis nomine melius quam armorum praesidio muniantur. Sed si ecclesiae voce moniti post tot tantorumque denuntiationes noluerint arma relinquere, iam clementiae nostrae aput deum et episcoporum causa purgata armatis, si ita res exegerit, intromissis, trahendos se abstrahendosque esse cognoscant et omnibus casibus esse subdendos. Sed neque episcopo inconsulto nec sine nostra sive iudicum*

Exzerpt zum Bestand des Titels 45 „*De his qui ad ecclesias confugiunt*" des neunten Buches des Cod. Theod. gehört und auch in das Brev. Alar. (9.34.1) übernommen wurde, hatte eine Inanspruchnahme dieses Privilegs grundsätzlich allen Bedrängten zugestanden[111]. Aber bereits am 28.3.432 hatte derselbe

in hac alma urbe vel ubicumque iussione armatum quemquam ab ecclesiis abstrahi oportebit, ne, si multis passim hoc liceat, confusio generetur", edd. MOMMSEN / MAYER / KRÜGER, Vol. I,2, S. 520ff. – „*The temples of the Most High God shall be open to those persons who are afraid. Not only do We sanction that the altars and the surrounding oratory of the temple, which encloses the church with a barrier of four walls on the inside, shall be set aside for the protection of those persons who take refuge, but also the space up to the outside doors of the church, which people desiring to pray enter first, We order to be an altar of safety for those who seek sanctuary. Thus if there should be any intervening space within the circumference of the walls of the temple which we have marked off and within the outer doors of the church behind the public grounds, whether it be in the cells or in the houses, gardens, baths, courtyards, or colonnades, such space shall protect the fugatives just as the interior of the temple does. No one shall attempt to lay sacrilegious hands on them to drag them out, lest a person who dares to do this, when he sees his own peril, may himself also take refuge and seek aid. Moreover, We grant this extent of space for this purpose, namely, that it may not be permitted that any fugitive remain or eat or sleep or spend the night in the very temple of God or on the sacrosanct altars. The clerics themselves shall forbid this for the sake of reverence for religion, and those who seek sanctuary shall observe it for the sake of piety. 1. We also command that those persons who seek sanctuary shall not have within the churches any arms at all, in the form of any weapon, either of iron or of any other kind. For weapons are barred not only from the temples and divine altars of the Most High God, but also from the cells, houses, gardens, baths, courtyards, and colonnades. 2. Hereafter if any person should flee without arms to the most holy temple of God or to its sacrosanct altar, either anywhere else in the world or in this fair City* (sc. Konstantinopel), *they shall be prevented by the clerics themselves, without any injury to such persons, from sleeping or taking any food at all within the temple or at the altar. The clerics shall designate spaces within the ecclesiastical enclosures which shall be sufficient for their protection and shall explain that capital punishment has been decreed if anyone shall attempt to enter forcibly and seize them. If the fugitive should not agree to these restrictions and should not obey them, reverence for religion must be preferred to humanity, and reckless lawlessness must be driven from these holy places to those We have mentioned. 3. We warn beforehand those persons who dare to enter the temples with arms that they shall not do this. Then if they should be equipped with weapons in any place in the church, either near the enclosure of the temple or around it or outside it, We command that they be notified immediately and very severely by the clerics alone, under the authority of the bishop, to lay aside their arms, and they shall be given the assurance that they are defended by the name of religion better than by the protection of arms. But if, warned by the voice of the Church and by the declarations of so many and so important persons, the refugees should be unwilling to relinquish their weapons, then the case of Our Clemency and of the bishops is cleared in the sight*

Kaiser eine wesentliche Einschränkung verfügt, die zwar in den Cod. Theod., nicht jedoch in das Brev. Alar. Eingang fand. Cod. Theod. 9.45.5 bestimmte, daß Sklaven, die unbewaffnet in einer Kirche Zuflucht suchten, dort nur einen Tag verweilen durften. Inzwischen sollten die Kleriker ihre Herren unterrichten und sie dazu veranlassen, den Flüchtigen zu vergeben. Danach war es dem Herrn gestattet, seinen Sklaven wieder mitzunehmen. Die Regelung galt nicht für bewaffnete Sklaven, die vielmehr der Kirche zu verweisen und ihren Herren auszuliefern waren, notfalls unter Anwendung von Gewalt. Selbst für die dabei erfolgte Tötung eines Sklaven wurde dem Herrn Straffreiheit zugesagt[112].

of God.; armed men shall be sent in, if the case so demands, and the refugees shall know that they will be dragged forth, dragged away, and subjected to all kinds of misfortunes. But no armed persons shall be dragged out from the churches without consulting the bishops or without Our order or the order of the judges either in this fair City or anywhere else, lest, if many persons should be generally permitted to do this, confusion may arise", PHARR, a.a.O., S. 265.

112 „*Super confugientibus ad sanctae religionis altaria sanctionem in perpetuum valituram credidimus promulgandam, ut, si quidem servus cuiusquam ecclesiam altariave loci tantum veneratione confisus sine ullo telo petierit, is non plus uno die ibidem dimittatur, quin domino eius vel cuius metu poenam imminentem visus est declinasse, a clericis quorum interest nuntietur. Isque eum inpertita indulgentia peccatorum, ut nullis residentibus iracundiae menti reliquiis, in honorem loci et eius respectu, ad cuius auxilium convolavit, abducat. Quod si armatus nullis hoc suspicantibus inopinus inruerit, exinde protinus abstrahatur vel certe continuo domino vel ei, unde eum tam furiosa formido proripuit, indicetur eique mox abstrahendi copia non negetur. Sed si armorum fiducia resistendi animos insania inpellente conceperit, abripiendi extrahendique eum domino, quibus potest id efficere viribus, concedatur. Quod si illum etiam confici in concertatione pugnaque contigerit, nulla erit eius noxa nec conflandae criminationis relinquetur occasio, si is, qui ex statu servili in hostilis et homicidae condicionem transivit, occisus sit. Quod si quae tam sunt utilter constituta eorum, qui huic rei pro suo praeficiuntur officio, aut neglegentia aut coniventia vel aliqua ratione fuerint depravata, animadversio iusta non deerit, ut sub episcopalis diiudicationis arbitrio loco eo, quem tueri nequivere, submoti et reiecti in ordinem plebeiorum motum iudicarii vigoris excipiant*", edd. MOMMSEN / MEYER / KRÜGER, Vol. I,2 S. 526. – „*We believe that a sanction should be promulgated, which shall be valid forever, concerning those persons who take refuge at the altars of the holy religion, to the effect that if the slave of any person, relying only on reverence for the place, should seek refuge in a church or at the altars without any weapon, he shall be sent away after not more than one day in such place; furthermore, notice shall be given by the clerics whom it concerns to his master or to the person for whom the slave appears to have avoided imminent punishment. The master shall grant pardon for his wrongs, and, with no remnants of anger remaining in his heart, in honour of the place and in respect for Him to whose aid the slave has fled, he shall take the slave away. But if, armed and suspected of this by no one, the slave should rush in suddenly, then he*

Der zweite der in c. 14(13) von Orléans III beschriebenen Tatbestände ähnelt ganz offensichtlich dem in c. 3 von Orléans I behandelten. Der zwischen den beiden Kanones bestehende Unterschied liegt lediglich darin, daß es sich einmal um einen jüdischen und einmal um einen christlichen Herrn handelt. Das erklärt den Unterschied der jeweils verhängten Sanktion: Den christlichen Herrn vermochte man durch das kirchliche Diziplinarmittel der Exkommunikation abzuschrecken, das aber einem Juden gegenüber wirkungslos bleiben mußte, weshalb man diesem mit dem möglichen Verlust des Sklaven drohte[113]. Somit ist ein über den c. 3 von Orléans I vermittelter Einfluß von Cod. Theod. 9.45.5 bezüglich des zweiten der in c. 14(13) von Orléans III beschriebenen Tatbestände erkennbar.

shall be dragged out immediately, or at least notice shall be given at once to his master or to the person from whom such frantic fear has driven the slave, and the opportunity to drag him out at once shall not be denied. But if, relying upon arms and driven by madness, he should conceive the intention of resisting, his master shall be granted the right to drag him out and take him away by whatever means he can effect it. If it should happen that the slave should be killed in the struggle and battle, the master shall incur no blame, nor shall there be an occasion for anyone to originate a criminal action, if a person is killed, who has changed from the servile status to the legal condition of a public enemy and homicide. If these regulations, so usefully constituted, should be perverted either by negligence or connivance, or in any other manner by those persons who are placed in charge of such matters in accordance with the duties of their office, just punishment will not be lacking, and, under the decision of an episcopal trial, they shall be removed from that place which they could not protect, they shall be cast back into the rank of plebeians, and they shall receive the force of judicial severity", PHARR, a.a.O., S. 266.

113 In diesem Sinne bereits HEFELE / LECLERCQ, a.a.O., S. 1158f.: „*Si des chrétiens, esclaves chez des juifs, reçoivent l'ordre de faire quelque chose contre la religion chrétienne, ou bien si leurs maîtres veules les battre, pour un délit dont l'Église leur a fait grâce, et que ces chrétiens se réfugient dans l'église, l'évêque ne doit pas les livrer, à moins qu'on ait d'abord déposée la valeur de ces esclaves (comme caution qu'il ne leur sera fait aucun mal)*". So auch CH. VERLINDEN, L'Esclavage dans L'Europe Médiévale, Tome I, Brügge 1955, S. 674: „... *les esclaves chrétiens ... ne doivent être rendus au proprietaire que s'il en verse le prix* ..." – Ebenso PARKES, a.a.O., S. 326: „... *the priest should only return them to their master if the value of each slave was deposited as a guarantee for his subsequent treatment*". Abzulehnen ist dagegen die Interpretation durch BLUMENKRANZ, der meinte, daß „*le prêtre ne doit nullement le* (sc. den zur Kirche geflohenen Sklaven) *livrer, à condition de verser à son ancien propriétaire le prix correspondant à sa juste valeur*", Juifs et chrétiens, S. 188. Die von BLUMENKRANZ, ebd., Anm. 125 vorgeschlagene Emendation des Textes wegen angeblicher Korruptelen [„*‹ni›si ... ‹h›ac ... pronunciaueri‹n›t* ..." (in der von BLUMENKRANZ benutzten Ausgabe von F. MAASSEN, M.G.H., Leg. Sect. III, Concilia I: Concilia Aevi Merovingici, steht aber schon „*pronunciauerit*")] ist mit J. GAUDEMET / B. BASDEVANT, Les canons des conciles

Der erste Tatbestand des c. 14(13) von Orléans III (– Religionsverschiedenheit zwischen jüdischem Herrn und christlichen Sklaven –) hatte hingegen in Cod. Theod. 9.45.5 keine Berücksichtigung gefunden. Die Suche nach rechtlichen Vorbildern für die Konzilsväter hatte sich also auf solche Präzedenzfälle zu konzentrieren, in denen der Kirche eine besondere Schutzfunktion für solche christlichen Sklaven gewährt wurde, deren Herren einem anderen Bekenntnis angehörten.

mérovingiens (VIe – VIIe siècles). Texte latin de l'édition de C. de Clercq. Introduction, traduction et notes (Sources Chrétiennes, N^{O} 353), Tome I, Paris 1989, S. 244, Anm. 1, zu verwerfen. Unverständlich ist, weshalb GAUDEMET / BASDEVANT mit ihrer Übersetzung („*Seulement, on offrira et donnera [aux maîtres] le prix que fixera pour ces esclaves une juste estimation*".) dem falschen Textverständnis von BLUMENKRANZ folgen. – Auch PONTALS, a.a.O., S. 260, Paraphrase des c. 14(13) „*Das Asylrecht verliert seinen vorläufigen Charakter, wenn der flüchtige Sklave Christ und sein Herr Jude ist: in diesem Fall kann der Bischof den Sklaven behalten und muß ihn erst zurückgeben, wenn der jüdische Herr eine Bürgschaft im Wert des Sklaven stellt*", trifft seinen Sinn nur teilweise. Weder verliert das Asylrecht „*seinen vorläufigen Charakter*" (– was immer darunter zu verstehen ist –), und schon gar nicht deshalb, weil es um den Sklaven eines jüdischen Herrn geht. Sollte PONTAL mit ihrer Formulierung, der Bischof habe den Sklaven „*behalten*" können, andeuten wollen, daß dieser in dessen Besitz oder den der Kirche übergegangen sei, so ist ihr erneut zu widersprechen. Der Kanon gestattet dem Bischof lediglich, die Rückgabe („*reddantur*") des Sklaven zu verweigern, bis der Jude das geforderte Pfandgeld hinterlegt hat. – BACHRACH, Early Medieval Jewish Policy in Western Europe, der das dritte Aurelianense auf S. 51f. behandelt, erweckt (– unter Verweis auf die S. 14, 28, 33 der Ausgabe von MAASEN in den M.G.H., wo der Leser aber ebenso vergeblich nach dem c. 14(13) wie nach irgendeinem anderen auf die Juden bezüglichen Kanon sucht –) den Eindruck, die Konzilsväter hätten 538 folgendes beschlossen: „*Finally, a Christian slave who fled from his or her Jewish owner in order to avoid punishment was to be protected. Christians were encouraged to buy such slaves from the Jewish owners in order to protect them*" (S. 51). Mag man den ersten Satz als (wenn auch stark verkürzende) Paraphrase des c. 14(13) noch hinnehmen, so muß die Aussage des zweiten Satzes, deren Inhalt sich nicht auf den c.14(13) von Orléans III, sondern auf den c. 30 von Orléans IV bezieht, den Leser in die Irre führen. Offenbar ebenfalls mit Blick auf den c. 14(13) meint BACHRACH zudem folgern zu können: „*Finally, Jews seem to have been accustomed to violating the sanctuary of the churches by seizing runaway slaves who sought refuge in holy places*" (S. 52). Zur Untermauerung dieser Aussage verweist er auf PARKES, Church and Synagogue, S. 320f., wo es heißt: „*There is only one other canon of the Arian Visigothic period which may refer indirectly to Jews, the sixth canon of Orange.*" (PARKES verweist hier, in Anm. 5, auf die Edition von MANSI, Sacrorum conciliorum nova et amplissima collectio, Bd. VI, S. 437. Zum besseren Verständnis des folgenden sei der Kanon des Konzils von Orange vom Jahre 441 hier nach der Ausgabe von MUNIER, S. 79, zitiert: „*5. Eos qui ad ecclesiam confugerint tradi non oportere, sed loci reuerentia et intercessione defendi. (6). Si quis autem mancipia clericorum pro suis mancipiis ad ecclesiam con-*

In diesem Zusammenhang sind zwei Gesetze des Kaisers Honorius zu nennen. In einem Edikt vom 12.3.405 (Cod. Theod. 16.6.4.2) versuchte Honorius Sklaven und *„andere Gewaltunterworfene“*[114] vor der Wiedertaufe durch ihre donatistischen Herren dadurch wirksam zu schützen, daß er sie zur Flucht von ihren Herren in den Schutz der katholischen Kirche auffordert und ihnen noch die Freiheit verleiht[115]. Bei dem zweiten Gesetz handelt es sich um die Konsti-

fugientibus crediderit occupanda, per omnes ecclesias districtissima damnatione feriatur“. – Die (6) bezieht sich auf die Zählung MANSIS.) *„This was designed to prevent infuriated owners from claiming the slaves of the clergy when their own had taken refuge in a church and been confiscated.“* Soweit kann man PARKES zustimmen, der dann folgendermaßen fortfährt: *„Any slave of a Jew might take refuge in a church and express his desire to become a Christian, on which his Jewish master, even if he followed him to baptism, lost all his rights over him. But there was no special ground on which a Christian master lost his slaves if they took refuge in a church. Though it is much later, there is legislation of the time of Charlemagne forbidding persons to tempt slaves away from their Christian masters, and stating that it is the duty of the Christians to impress on the slave his duty to remain loyal to his master. Gregory the Great was also troubled by the idea that Christian slaves might be led away from their masters and induced to enter a monastic life, and with much hesitation expressed his disaproval of it, unless the slave had a very clear call. It seems then likely, that the only classes who would be regularly affected by this canon would be pagan or Jewish owners, and the former were probably very few“*. Es ist unverständlich, was BACHRACH dazu veranlaßt haben mag, die durch die PARKESSCHE „Quelleninterpretation“ angestiftete Verwirrung (– irgendwelche Quellenangaben bezüglich der Verhältnisse unter Karl dem Großen oder Gregor dem Großen finden sich nicht –) als geeignete Stütze für seine undifferenzierte Darstellung zu betrachten.

114 LANGENFELD, a.a.O., S. 119.

115 *„Hi* (sc. Donatistae) *vero et servos vel homines iuri proprio subditos iterati baptismatis polluunt sacrilegio. ... Ac ne forsitan sit liberum conscientiam piacularis flagitii perpetrati intra domesticos parietes silentio celare, servis, si qui forsitan ad rebaptizandum cogentur, refugiendi ad ecclesiam catholicam sit facultas, ut eius praesidio adversus huius criminis et societatis auctores adtributae libertatis praesidio defendantur liceatque his sub hac condicione fidem tueri, quam extorquere ab invitis domini temptaverint, nec adsertores dogmatis catholici ea, qua ceteros, qui in potestate sunt positi, oportet ad facinus lege constringi, et maxime convenit omnes homines sine ullo discrimine condicionis aut status infusae caelitus sanctitatis esse custodes“*, edd. MOMMSEN / MEYER / KRÜGER, Vol. I,2, S. 881f. – *„The aforesaid persons* (sc. the Donatists), *indeed, pollute with the sacrilege of a second baptism slaves and men subject to their power. ... 2. Moreover, in order that no person may be permitted to conceal with secrecy and silence the guilty knowledge of a sinful shame perpetrated within domestic walls, if perchance any slaves should be forced to rebaptism, they shall have the right to take refuge in a Catholic church, so that they shall be defended by its protection against the authors of this crime and association, by the protection of a grant of freedom“*, PHARR, a.a.O., S. 464.

tution vom 22.2.407 gegen die Manichäer, Montanisten und Priscillianisten (Cod. Theod. 16.5.40), die sich von der vorher genannten antidonatistischen Regelung, wie LANGENFELD betont, u. a. dadurch unterschied, daß *„Sklaven, auch wenn sie gar nicht gezwungen wurden, sich zur Irrlehre zu bekennen, ihre Herren allein deswegen verlassen* (durften), *weil diese Häretiker* (sacrilegi) *waren*", und *„nicht mehr die Freiheit erlangen, sondern nur den Eigentümer wechseln sollten. Offenbar sollten sie Sklaven der Kirche werden*"[116].

Eine direkte Abhängigkeit des c. 14(13) hinsichtlich des ersten der von ihm benannten Sachverhalte und Cod. Theod. 16.6.4.2 beziehungsweise 16.5.40 ist nicht erkennbar.

Bereits drei Jahre nach dem dritten Aurelianense beschäftigte sich 541 ein viertes, ebenfalls in Orléans tagendes Konzil erneut mit dem Problem der christlichen Judensklaven: *„Durch frühere Regelungen wurde schon hinsichtlich der christlichen Judensklaven bestimmt, daß, wenn sie zur Kirche ihre Zuflucht genommen haben und Loskauf verlangen, auch wenn sie zu irgendwelchen Christen ihre Zuflucht genommen haben und nicht weiter Judensklaven sein wollen, der Taxwert von den gläubigen (Christen) erlegt und sie aus deren (d. h. der Juden) Verfügungsgewalt befreit werden; deshalb bestimmen wir, daß nunmehr diese förmliche Verfügung von allen Gläubigen beachtet wird*"[117].

Der Hinweis des c. 30 von Orléans IV auf die *„priores canones*" hat zu der Annahme geführt, hier werde der c. 14(13) des dritten Aurelianense angesprochen[118], eine Annahme, die jedoch durch einen näheren Vergleich der beiden Bestimmungen schwerlich gestützt werden kann, da die einzige Über-

116 A.a.O., S.121. Die entsprechende Stelle des Cod. Theod. 16.5.40.7 lautet: *„Servos etiam extra noxam esse volumus, si dominum sacrilegum revertentes ad ecclesiam catholicam servitio fideliore transierunt*", edd. MOMMSEN / MAYER / KRÜGER, Vol. I,2, S. 868. Mit LANGENFELD, ebd., ist darauf hinzuweisen, daß „revertentes *keinen Sinnn* (ergibt); CI 1.5.4 *hat an der entsprechenden Stelle* evitantes. MOMMSEN *schlägt in seiner Ausgabe des CT* relinquentes *vor*". – *„It is Our will also that slaves shall be without guilt if, with due reverence, they should pass over with more faithful service to the Catholic Church*", PHARR, a.a.O., S. 457, der, ebd., Anm. 87, neben *„reverentes*" ebenfalls *„reliquentes*" (*„forsaking their*") erwägt.

117 SCHRECKENBERG, a.a.O., S. 401. – C. 30: *„Licit prioribus canonibus iam fuerit difinitum, ut, de mancipiis Christianis quae apud Iudaeos sunt, si ad ecclesia*(sic) *confugerint et redemi se postolauerint, etiam ad quoscumque Christianos refugerint et seruire Iudaeis noluerint, taxato et oblato a fidelibus iusto praetio ab eorum dominio liberentur, ideo statuimus, ut tam iusta constitutio ab omnibus Catholicis conseruetur*", ed. DE CLERCQ, S. 139f.

118 Vgl. KATZ, The Jews in the Visigothic and Frankish Kingdoms, S. 100; BLUMENKRANZ, Juifs et chrétiens, S. 188, Anm. 125.

einstimmung zwischen den beiden Kanones lediglich darin besteht, daß sie sich auf christliche Sklaven beziehen, die sich in den Schutz der Kirche begeben haben. Viel auffälliger als diese Übereinstimmung sind aber die zahlreichen Differenzen[119] zwischen den in den beiden Kanones enthaltenen Verfügungen. Laut c. 30 kann nicht nur die Kirche, sondern jeder beliebige Christ einem christlichen Judensklaven Schutz gewähren. Die in c. 14(13) genannten Bedingungen für die Gewährung des kirchlichen Asylrechtes, die Behinderung der Religionsausübung des christlichen Judensklaven beziehungsweise die Verletzung der Strafverschonung durch den jüdischen Herrn, werden in c. 30 nicht mehr erwähnt. Das erinnert an die Verfügung von Cod. Theod. 16.5.40, wonach Sklaven, auch wenn sie gar nicht gezwungen wurden, sich zur Irrlehre zu bekennen, ihre Herren allein deswegen verlassen durften, weil diese Häretiker waren. Ensprechend reicht es nach c. 30 aus, als Christ Sklave eines Juden zu sein, um das Asylrecht der Kirche oder den Schutz christlicher Glaubensgenossen in Anspruch nehmen zu können.

Neu ist auch das Gebot, christliche Judensklaven auszulösen[120]. Wenngleich für den Loskauf die Zahlung eines „*iustum pretium*“ gefordert wurde, so wurde dieser Preis jedoch ausweislich des c. 30 seitens des (christlichen) Käufers ermittelt („... *taxato et oblato a fidelibus iusto praetio* ...“). Bei einem so gearteten Zwangsverkauf dürfte, wie BLUMENKRANZ meint, wohl eher der Käufer auf seine Kosten gekommen sein[121]. Eine Anordnung über die neue Zugehörigkeit der zurückgekauften christlichen Judensklaven trifft der c. 30 nicht. BLUMENKRANZ vertritt die Ansicht, es sei naheliegend, in demjenigen, der dem Sklaven Asyl gewährte und den zu zahlenden Preis aufbrachte, auch

119 So bereits VERLINDEN, a.a.O., S. 674: „*Le concile, tenu dans la même ville en 541, modifie cette disposition* (sc. c. 14[13] von Orléans III) *assez choquante* ...“

120 Abzulehnen ist die von BLUMENKRANZ, Juifs et chrétiens, S. 188, Anm. 125, vertretene Auffassung, daß wegen des in c. 30 von Orléans IV beschriebenen Loskaufverfahren bei der Überlieferung der letzten Bestimmung des c. 14(13) von Orléans III ein Fehler vorliegen müsse: „*Il est vrai que le texte latin prête à confusion* : ... nullatinus a sacerdote reddantur, nisi praecium offeratur hac detur, quod mancipia ipsa ualere pronunciauerint iusta taxacio. – *Il est manifestement corruption du text qui se laisse aisément rétablir:* ‹ni›si ... ‹h›ac ... pronunciaueri‹n›t ... *Cette correction est confirmée par le c. 30 du 4e concile d'Orléans qui se réfère a notre texte.*“ Selbst bei Unterstellung der Notwendigkeit (s. aber oben S. 49, Anm. 113) der von BLUMENKRANZ vorgeschlagenen Emendation vermögen wir nicht zu erkennen, daß durch sie die letzte Bestimmung des c. 14(13) in dem von BLUMENKRANZ gemeinten Sinne zu modifizieren wäre.

121 „*Au début, il* (sc. der Rückkaufpreis) *sera encore question d'une* ‚juste estimation du prix que valent les esclaves‘. *L'estimation étant le fait de l'acquéreur, l'on peut facilement imaginer que se soit eux plutôt que les vendeurs forcés qui y trouvèrent leur compte*“, Juifs et chrétiens, S. 335.

den neuen Herrn zu vermuten[122]. Über das bloße Problem des Sklavenbesitzes und die Einschränkung des Eigentumsrechtes der Juden hinaus hätten die Bestimmungen der beiden Kanones auch die Wettbewerbsmöglichkeit der Juden dadurch geschädigt, daß sie ihren christlichen Konkurrenten die Möglichkeit eröffnet hätten, zu ihren Gunsten die Juden ihrer Arbeitskräfte zu berauben[123].

Auf die Frage des Loskaufes christlicher Judensklaven und damit verbundene Probleme wird bei der Interpretation des c. 16 des Konzils von Mâcon noch näher einzugehen sein.

Zwar stellt der c. 30 von Orléans IV das Recht der Juden, christliche Sklaven zu besitzen, ebensowenig in Frage wie der c. 14(13) von Orléans III. Daß man den christlichen Sklaven nun die Möglichkeit bot, ohne nähere Angabe von Gründen aus dem Dienst ihrer jüdischen Herren zu entweichen, und ihnen dann ihren Loskauf in Aussicht stellte, macht aber die geänderte Zielrichtung des c. 30 deutlich, der ganz offensichtlich die christlichen Sklaven zum Verlassen ihrer jüdischen Herren verleiten sollte. Gründe für diese auffällige Änderung der Haltung zur Frage der christlichen Judensklaven sind ebensowenig überliefert[124] wie kirchliche Rechtsvorschriften, auf die sich die Konzilsväter 541 in Orléans bei der Formulierung des c. 30 beriefen.

[122] BLUMENKRANZ, Juifs et chrétiens, S. 189. Die Ansicht LINDERS, Die christlich-jüdische Konfrontation, S. 434, *„das 4. Konzil von Orléans (541)* (entschied), *daß solche Sklaven freizulassen seien, wenn sie darum baten"*, wird durch den Wortlaut des c. 30 nicht gedeckt.

[123] *„Le IVe concile d'Orléans ... élargit d'une manière singulière la notion d'asile. Pour bénéficier des possibilités des rachat, l'esclave chrétien n'aura plus besoin de se réfugier à l'église. Les dispositions de rachat peuvent aussi bien jouer s'il se réfugie auprès de n'importe quel chrétien. D'autre part, il n'aura plus besoin de prétexter quelque entrave au libre exercice de sa religion: le simple refus de servir un maître juif peut déclencher le mécanisme de rachat. Dans l'absence de toute disposition sur la nouvelle appartenance de l'esclave, il y a lieu de supposer que c'est facilement le chrétien auprès duquel il se réfugie qui en paye le prix d'achat et par là devient son nouveau maître. Au-delà du seul problème de la possession d'esclaves, au-delà de l'amputation du droit de propriété des Juifs, c'est libre jeu de leurs économie qui désormais est mis en cause quand tout concurrent chrétien est en mesure de les priver à son profit de leur main-d'oeuvre"*, Juifs et chrétiens, S. 189.

[124] Die Paraphrase des c. 30 durch BACHRACH, Early Medieval Jewish Policy in Western Europe, S. 52, *„In canon thirty, the ecclesiastics at the council recognized that Jews were permitted to own Christian slaves provided that no effort was made to convert them to Judaism"*, kann man nur als eine Verfälschung des Textes bezeichnen, da sie dessen eigentliches Anliegen überhaupt nicht zur Kenntnis nimmt, einen lediglich implizit in ihm enthaltenen Aspekt zum wesentlichen Inhalt erklärt und zudem einen Zusatz anfügt, den der Text gar nicht enthält. Der falsche Eindruck, den der Leser von c. 30 erhält, wird weiter verfestigt, wenn BACHRACH,

Mit dem Problem der christlichen Judensklaven befaßt sich auch der c. 31 des vierten Aurelianense: „*Wir verfügen, auch folgendes zu beachten: jeder Jude, der es gewagt hat, einen Proselyten, das heißt (als Übersetzung des griechischen Wortes) ‚einen, der als Fremder kommt' zum Juden zu machen oder jemanden, der zuvor Christ wurde, dem jüdischen Aberglauben zuzuführen, oder wenn ein Jude sich mit seiner christlichen Magd verbinden zu müssen geglaubt hat, oder wenn er einen Sohn christlicher Eltern unter dem Versprechen der Freilassung zum Juden gemacht hat, soll er mit Verlust seiner Sklaven bestraft werden. Wenn aber jener, der, obwohl er von Christen abstammt, zum Juden gemacht worden ist, unter der Bedingung freigelassen wurde, daß er die Freiheit haben soll, wenn er im jüdischen Ritus verharrt, dann wird eine solche Bedingung keine Bedeutung haben, weil es widerrechtlich ist, daß demjenigen die Freiheit beschieden ist, der, obwohl er von christlichen Eltern abstammt, an den jüdischen Bräuchen festhalten will*"[125].

SCHRECKENBERG versteht in seiner von uns wiedergegebenen Übersetzung den Begriff „*aduena*" als lateinische Erläuterung beziehungsweise Synonym für das aus dem Griechischen entlehnte „*proselytus*"[126], woraus folgt, daß der

ebd., ausführt: „*The recognition of the Jews' right to own Christian slaves by the bishops would hardly have been promulgated in council had not some pressure been exerted on them. It would seem that although Clovis's successors were willing to have the bishops enact canons to protect Christians from the zeal of Jewish missionary activity, they were not prepared to see their Jewish subjects deprived of the labor to work their estates.*" Geht man jedoch von dem tatsächlichen Inhalt des c. 30 aus, dann ist höchst unverständlich, weshalb gerade dieser Kanon, der den christlichen Judensklaven die Möglichkeit bot, ihre Herren ohne Angabe von Gründen zu verlassen, und die Gläubigen zum Loskauf ihrer Glaubensbrüder aus jüdischer Sklaverei aufrief, unter dem Druck von Herrschern entstanden sein sollte, die den Juden den Besitz ihrer Sklaven zu garantieren gedachten.

125 SCHRECKENBERG, a.a.O., S. 402; Übersetzung des letzten Satzes vom Verfasser. – „*Id etiam decernimus obseruandum, ut, si quicumque Iudaeos prosilitum, qui aduina dicitur, Iudaeum facire praesumpserit aut Christianum factum ad Iudaeicam superstitionem adducire uel si Iudaeo Christianam ancillam suam crededirit sociandam uel si de parentibus Christianis natum Iudaeum sub promissione fecerit libertatis, mancipiorum amissione multetur. Ille uero, qui de Christianis natus Iudaeus factus est, si sub condicione fuerit manumissus, ut in ritu Iudaeico permanens habeat libertatem, talis condicio non ualebit, quia iniustum est, ut ei libertas maneat, qui de Christianis parentibus ueniens Iudaicis uult cultibus inherere*", ed. DE CLERCQ, S. 140.

126 Vgl. im gleichen Sinne auch KATZ, The Jews in the Visigothic and Frankish Kingdoms, S. 42, Anm. 1; 100. Seine Paraphrase des Inhaltes von c. 31 enthält eine Reihe grober Unrichtigkeiten. – Auch die Übersetzung von GAUDEMET / BASDEVANT: „*Nous décrétons également que doit être observé ceci: si un juif se permet de convertir au judaïsme un nouveau venu* (proselytus) – *on dit un ‚étranger'* (aduena) – ...", a.a.O., S. 283, wird dem Sinn der fraglichen Textstelle nicht gerecht.

c. 31 gleich zu Beginn ein generelles Proselytismusverbot verfügt hätte. Die darauf folgende Verfügung, niemanden zum Judentum zu bekehren, der vorher Christ geworden war beziehungsweise von christlichen Eltern abstammte, die sich angesichts des zuvor ausgesprochenen allgemeinen Bekehrungsverbotes zum Judentum doch erübrigt, läßt hingegen Zweifel an der Richtigkeit dieses Textverständnisses aufkommen.

Fest steht, daß es sich bei der Magd und dem unter der Bedingung der Freilassung zum Judentum konvertierten Abkömmling christlicher Eltern um Unfreie handelt. Da zudem die Eingangsbestimmung des c. 31 nicht als generelles Proselytismusverbot zu verstehen ist, liegt die Annahme nahe, daß – nach Regelung des Problems des Rückkaufes christlicher Judensklaven im unmittelbar voranstehenden Kanon – das Verbot, Sklaven zum Judentum zu bekehren, das Thema des c. 31 bildet. BLUMENKRANZ meint, die Konzilsväter hätten dabei unterschieden, ob es sich bei dem Proselyten um einen heidnischen, einen heidnischen zum Christentum bekehrten oder um einen von christlichen Eltern gebürtigen Sklaven handelt. Der Fall der Verbindung einer christlichen Sklavin mit ihrem jüdischen Herrn gehöre dagegen eher zum Bereich der Mischehenproblematik[127]. Dazu ist zu bemerken, daß es sich aus der Sicht des Gesetzgebers bei der Geschlechtsverbindung zwischen einem Freien und einer Sklavin gar nicht um eine Ehe handelte, was auch durch die Verwendung des

127 „*Mais la suite du texte montre qu'il s'agit d'une distinction entre divers cas possibles: esclave païen, esclave païen converti au Christianisme, esclave chrétien né de parents chrétiens. ... Le cas de l'esclave chrétienne unie à un Juif ressortit davantage au problème générale des mariages mixtes qu'à celui de la situation des esclaves*", Juifs et chrétiens, S. 186, Anm. 114. Vgl. auch PARKES, a.a.O., S. 325, der aber die Geschlechtsverbindung zwischen der christlichen Sklavin und ihrem jüdischen Herrn für ein Konkubinat hält. Nicht zuzustimmen ist ihm hingegen, wenn er meint, daß der „*Jewish master lost him* (sc. den von christlichen Eltern stammenden Sklaven, der zum Judentum bekehrt wurde) *for the crime of having converted him*", a.a.O., S. 325. Wie konnte der Jude den Sklaven verlieren, wenn er ihn nach der Bekehrung zum Judentum freigelassen hatte? – Auch VERLINDEN hält die Verbindung zwischen der christlichen Sklavin und ihrem jüdischen Herrn für eine Ehe („... si *un maître juif ... prend comme épouse une esclave chrétienne ...*", a.a.O., S. 674). – BACHRACH, Early Medieval Jewish Policy in Western Europe, S. 52, faßt den Inhalt von c. 31 folgendermaßen zusammen: „*Nevertheless the bishops continued to demonstrate their anxiety at the apparent continued success of Jewish proselytism, and they also stated that a Jew who converted a Christian slave to Judaism or who converted someone of Christian parents, or who reconverted a convert was to be punished by the loss of his slaves.*" Das in Satz eins auftretende Problem bezüglich des richtigen Verständnisses von ‚*aduena*' berührt BACHRACH nicht. Unklar bleibt auch, was unter „*who converted a convert*" zu verstehen ist, und auf welcher Passage des c. 31 diese Aussage basiereren soll.

Verbums *„sociare“* verdeutlicht wird. Vielmehr wird man in der Zuordnung dieses Falles zum c. 31 eine Bestätigung für unsere im Zusammenhang mit der Behandlung der jüdisch-christlichen Mischehenproblematik geäußerten Vermutung sehen müssen, daß solche ehelichen oder eheähnlichen Verbindungen den Übertritt zum Judentum besonders begünstigten.

Für einen Verstoß gegen die in c. 31 ausgesprochenen Verbote wird der Verlust der Sklaven angedroht, über deren weiteres Schicksal (– in wessen Besitz sie übergingen oder ob sie gar freigelassen wurden –) nichts weiter ausgesagt wird.

Von besonderem Interesse ist die durch den c. 31 überlieferte Information, daß den Juden die Gewinnung von Proselyten unter ihren christlichen Sklaven offenbar so wichtig war, daß sie dafür sogar deren Freilassung in Kauf nahmen. Vielleicht wird man in dieser für christliche Sklaven attraktiven Praxis einen Grund für das in dem voraufgehenden c. 30 verfügte bedingungslose Asylrecht für christliche Judensklaven und das Loskaufgebot sehen dürfen.

Mehr als vier Jahrzehnte nach dem vierten Aurelianense verabschiedete ein 583 in Mâcon tagendes Konzil erneut zwei Kanones, die sich mit der Frage der christlichen Judensklaven befassen. Der c. 16 verfügte: *„Zwar sind die Bestimmungen bezüglich der Christen, die entweder durch das Schicksal einer Kriegsgefangenschaft oder durch gewisse Gaunereien Judensklaven geworden sind, nicht nur kirchenrechtlich festgelegt, sondern auch dank der weltlichen Gesetzgebung längst fixiert; weil aber nun einige Klage geführt haben, daß gewisse in größeren oder kleineren Städten ansässige Juden derart unverschämt und dreist geworden sind, daß es nicht einmal mehr möglich ist, daß Christen nach ihrem Taxwert aus deren (d.h. der Juden) Knechtschaft entlassen werden, wenn sie es fordern; deshalb bestimmen wir, von Gott dazu ermächtigt, in diesem Konzil, daß kein Christ weiterhin Judensklave sein darf; es soll vielmehr jeder Christ die Möglichkeit haben, indem er für einen beliebigen guten Sklaven zwölf Solidi (d.h. Goldmünzen) gibt, den Sklaven freizukaufen; sei es zur Freiheit, sei es zu weiterer Knechtschaft (bei einem christlichen Herrn); denn es ist ein Greuel, daß diejenigen, welche Christus der Herr mit seinem Blute freigekauft hat, in den Fesseln ihrer Verfolger verstrickt bleiben. Wenn nun ein Jude mit unserer Anordnung nicht einverstanden ist, kann der Sklave, solange jener zögert, die bestimmte Geldsumme anzunehmen, bei beliebigen Christen wohnen“*[128].

[128] SCHRECKENBERG, a.a.O., S. 417f., dessen Übersetzung von *„reclamantes“* mit *„die auf (Freiheit) Anspruch erheben“* wir allerdings für eine zu weitgehende Interpretation des Textes halten und deshalb in unserem Sinne geändert haben. – *„Et licet, quid de Christianis, qui aut captiuitatis incursu aut quibuscumque fraudibus Iudaeorum seruitio inplicantur, debeat obseruari, non solum cannonecis*

In c. 17 wurde zudem bestimmt: *„Dazu kommt folgende besondere Bestimmung: ist ein Jude überführt, einen christlichen Sklaven zum jüdischen Irrglauben überredet zu haben, soll er mit (entschädigungslosem) Verlust dieses Sklaven bestraft werden und das Recht verlieren, ein Testament zu machen"*[129].

Während die Bestimmung des c. 17 von Mâcon, der im Gegensatz zu c. 31 von Orléans IV nicht den Verlust sämtlicher, sondern nur den des bekehrten christlichen Sklaven androht und dem Juden bei einem Verstoß gegen das Proselytismusverbot das Recht nimmt, ein Testament zu machen, keine besonderen Interpretationsprobleme bietet, bedarf der Inhalt des c. 16 einer näheren Erläuterung.

C. 16 beginnt mit der Feststellung, daß sowohl durch das kirchliche wie weltliche Recht geregelt sei, wie mit infolge Kriegsgefangenschaft und Betrügereien in die Sklaverei von Juden geratenen Christen zu verfahren sei. Es seien aber Klagen laut geworden, daß Juden sich geweigert hätten, dem Wunsch ihrer christlichen Sklaven nach Entlassung aus der Sklaverei gegen Zahlung einer Ablösesumme zu entsprechen. Unter Berufung auf die göttliche Autorität verfügen die Kirchenväter in dem anschließenden dispositiven Teil des Kanons ein grundsätzliches Besitzverbot christlicher Sklaven für Juden und setzen eine Loskaufsumme von zwölf Solidi fest, zu der Christen in die Sklaverei von Juden geratene Glaubensbrüder und Glaubensschwestern zur Freiheit oder weiteren Knechtschaft auslösen können. Die Disposition wird mit der theologischen Aussage, daß durch Christi Blut Freigekaufte nicht Gefangene ihrer Verfolger sein dürfen, begründet. Der Kanon endet mit der Sanktion, daß bei Weigerung eines Juden, die festgesetzte Ablösesumme von zwölf Solidi anzunehmen, der Sklave sich in den Schutz von Christen begeben darf, das heißt der Jude wird vor die Alternative der Annahme des festgesetz-

statutis, sed et legum beneficio iam pridem fuerit constitutum; sed quia nunc ita quorundam quaerilla exorta est quosdam Iudaeos per ciuitates aut municipia consistentes in tanta insulentia et proteruia prorupisse, ut nec reclamantes Christianos liceat uel ad praetium de eorum posse seruitute absolui: idcirco praesenti concilio Deo auctore sancimus, ut nullus Christianus Iudaeo deinceps debeat deseruire, sed datis pro quolibet bono mancipio duodecim soledis ipsum mancipium quicumque Christianus seu ad ingenuitatem seu ad seruitium licentiam habeat redimendi, quia nefas est, ut, quos Christus Dominus sanguinis sui effusione redemit, persecutorum uincolis permaneant inretiti. Quod si acquiescere haec, quae statuimus, quicumque Iudaeus noluerit, quamdiu ad paecuniam constitutam uenire distulerit, liceat mancipio ipsi cum Christianis, ubicumque uoluerit, habitare", ed. DE CLERCQ, S. 227

129 SCHRECKENBERG, a.a.O., S. 418. – *„Illud etiam spicialiter sancientes, quod, si quis Iudaeus Christianum mancipium ad errorem Iudaicum conuictus fuerit persuasisse, et ipsum mancipium careat et legali damnatione plectatur"*, ed. DE CLERCQ, S. 227.

ten Preises oder den drohenden ersatzlosen Verlust seines christlichen Sklaven gestellt.

Außer den von uns bereits behandelten Kanones der merowingisch-fränkischen Konzilien liegen für die fragliche Zeit weitere die christlichen Judensklaven betreffende kirchliche Rechtsvorschriften nicht vor. Aus diesen Kanones lassen sich die im dispositiven Teil des c. 16 enthaltenen Bestimmungen nicht herleiten. Somit bleibt nach dem Anteil der „*leges*", das heißt des römischen Rechts, am c. 16 zu fragen, auf das die Konzilsväter ja ebenfalls ausdrücklich verweisen.

Die kaiserliche Gesetzgebung[130], die sich auf die Sklaven der Juden bezieht, setzte schon unter Konstantin dem Großen ein, der 335 den Juden verbot, christliche oder einer anderen Sekte angehörende Sklaven nach dem Kauf zu beschneiden. Bei Übertretung des Verbotes war der Sklave freizulassen[131]. Da

130 Das bereits vorher, spätestens seit Antoninus Pius, in das römische Recht aufgenommene Beschneidungsverbot für Nichtjuden galt LANGENFELD, a.a.O., S. 42–50, zufolge nicht für Sklaven. Dagegen meint COHEN, a.a.O., S. 7: „*... the conversion of slaves to Judaism was ... specifically forbidden in the work of the third-century jurists*", und er verweist auf Paulus, Sententiae 5.22.3,4: „*Cives Romani, qui se Iudaico ritu vel servos suos circumcidi patiuntur, bonis ademptis in insulam perpetuo relegantur: medici capite puniuntur. Iudaei si alienae nationis comparatos servos circumciderint aut deportantur aut capite puniuntur*", ed. S. RICCOBONO et al., Fontes iuris romani antejustiniani, Vol. 1, Firenze 1940, S. 407. Laut LANGENFELD, a.a.O., S. 46, Anm 110, stammt dieser Abschnitt der Sentenzen des Paulus „*nicht aus dem römischen Recht der heidnischen Epoche, sondern ist den entsprechenden Konstitutionen der christlichen Kaiser (z. B. CT 16.9.2) entlehnt*". F. LOTTER, Die Entwicklung des Judenrechts im christlichen Abendland bis zu den Kreuzzügen, in: Th. Klein, V. Losemann, G. Mai (Hrsg.), Judentum und Antisemitismus von der Antike bis zur Gegenwart, Düsseldorf 1984, S. 44, meint wiederum (– allerdings ohne sich näher mit der Argumentation LANGENFELDS, dessen Arbeit er heranzieht, auseinanderzusetzen –), daß das von Antoninus Pius verfügte Beschneidungsverbot von Nichtjuden auch für Sklaven galt: „*Dieses in der Zwischenzeit wohl ruhende Beschneidungsverbot wurde von der Gesetzgebung der christlichen Kaiser wieder aufgenommen*".

131 Cod. Theod. 16.9.1 (= Brev. Alar. 16.4.1): „*Si quis Iudaeorum Christianum mancipium vel cuiuslibet alterius sectae mercatus circumciderit, minime in servitute retineat circumcisum, sed libertatis privilegiis, qui hoc sustinuerit, potiatur ...*", edd. MOMMSEN / MEYER / KRÜGER, Vol. I,2, S. 895. – „*Wenn ein Jude einen christlichen Sklaven oder einen einer anderen Sekte angehörenden Sklaven nach dem Kauf beschneidet, soll er ihn nach der Beschneidung keinesfalls als Sklaven behalten, vielmehr soll, wer dies über sich ergehen lassen mußte, das Privileg der Freiheit erhalten ...*", SCHRECKENBERG, a.a.O., S. 261.
„*INTERPRETATIO. Si quis Iudaeorum servum Christianum vel cuiuslibet alterius sectae emerit et circumciderit, a Iudaei ipsius potestate sublatus in libertate permaneat*", edd. MOMMSEN / MEYER / KRÜGER, Vol. I,2, S. 896. – „*INTERPRETATION.*

die bereits in jüdischem Besitz befindlichen Sklaven von dieser Regelung nicht betroffen waren (– offensichtlich setzte der Gesetzgeber deren Beschneidung voraus, wofür ja auch die jüdischen Gesetzesvorschriften sprechen –), bedeutete diese keinen Eingriff in die bestehenden Besitzverhältnisse[132].

Die Nachricht des Eusebius von Caesarea in seiner Vita Konstantins des Großen, der Kaiser habe den Juden generell den Besitz christlicher Sklaven untersagt, steht zwar in offenem Gegensatz zur Aussage der überlieferten Gesetze, wo sich ebensowenig auch eine von Eusebius mitgeteilte angebliche Begründung findet, die besagt, es sei nicht recht, daß diejenigen, die die Propheten ermordet und den Herrn getötet hätten, die vom Heiland Erlösten unter das Joch der Sklaverei brächten, findet[133]. Die Aussage ist dennoch von

Wenn einer aus der Zahl der Juden einen Sklaven, der Christ ist oder irgendeiner Sekte angehört, gekauft und beschnitten haben wird, soll er der Potestas dieses Juden enthoben sein und in der Freiheit verharren“, CONRAT, a.a.O., S. 158.
Die Konstitution, aus der die Kompilatoren des Cod. Theod. diese Verfügung übernahmen, ist in ihrer ganzen Länge überliefert durch die Const. Sirmond. 4: „*Iam dudum quidem constitutionis nostrae saluberrima sanctio promulgata est, quam nostrae repetitae legis veneratione geminamus, ac volumus, ut, si quispiam Iudaeorum Christianum mancipium vel cuiuslibet alterius sectae mercatus circumcidere non perhorruerit, circumcisus quidem istius statuti mensura libertatis conpos effectus eiusdem privilegiis potiatur: non fas Iudaeo sit qui circumciderit mancipium generis memorati in obsequium servitutis retinere. Illud etenim hac eadem sanctione praecipimus, ut, si quispiam Iudaeorum reserans sibi ianuam vitae perpetuae sanctis se cultibus mancipaverit et Christianus esse delegerit, ne quid a Iudaeis inquietudinis vel molestiae patiatur. Quod si ex Iudaeo Christianum factum aliquis Iudaeorum iniuria putaverit esse pulsandum, volumus istiusmodi contumeliae machinatorem pro criminis qualitate commissi poenis ultricibus subiugari* ...“, edd. MOMMSEN / MEYER / KRÜGER, Vo. I,2, S. 910f. – „*Indeed a long time ago was published the most salutary sanction of our law, which we renew by the veneration of our repeated law; it is our wish that if one of the Jews shall not be horrified from buying and circumcising a Christian slave or of any other sect whatsoever, the circumcised slave shall be made, by any measure of this statute, participant in liberty and acquire its privileges; it shall not be lawful for a Jew who has circumcised a slave of the aforementioned kind to retain him in slavery's obedience. This in fact we order in this same sanction, that if one of the Jews shall unlock for himself the door of eternal life, shall bind himself to the holy cults and choose to be Christian, he shall not suffer ought of harassment or molestation in the hands of the Jews. For if anyone of the Jews shall consider that a Jew who became Christian should be attacked and injured, we want the instigator of such contumely to be subjected to avenging punishments commensurate with the nature of the crime committed* ...“, LINDER, The Jews in Roman Imperial Legislation, S. 140. – Vgl. dazu zusammenfassend LINDER, ebd., S. 133–148, dessen Bibliographie noch LANGENFELD, a.a.O., S. 66ff., anzufügen ist.

132 Vgl. insbesondere LANGENFELD, a.a.O., S. 70; ferner NOETHLICHS, a.a.O., S. 37.

Wert als Beleg für die Haltung, die man kirchlicherseits dem Problem gegenüber einnahm.

Auf ein Gesetz Konstantins II. vom 13. August 339 dürften zwei weitere unser Problem betreffende Bestimmungen des Cod. Theod. zurückgehen[134]. Cod. Theod. 16.9.2 regelt die Bestrafung für drei Tatbestände: (1) Bei Kauf eines Sklaven, der *„einer anderen Religionsgemeinschaft (secta) oder Nation (natio) angehört“*[135] durch einen Juden verfällt der Sklave dem Fiskus. (2) Eine an einem solchen Sklaven vorgenommene Beschneidung zieht zusätzlich die Todestrafe nach sich. (3) Ob der Kauf eines christlichen Sklaven den Verlust des gesamten Besitzes inklusive der Sklaven, oder nur sämtlicher Sklaven beziehungsweise nur der christlichen Sklaven des jüdischen Käufers bedeutete, ist aufgrund des Textes nicht eindeutig erkennbar[136].

[133] „*Ἀλλὰ καὶ Ἰουδαίοις μηδένα Χριστιανὸν δουλεύειν ἐνομοθέτει. μηδὲ γὰρ θεμιτὸν εἶναι προφητοφόνταις καὶ κυριοκτόνοις τοὺς ὑπὸ τοῦ σωτῆρος λελυτρωμένους ζυγῷ δουλείας ὑπάγεσθαι. εἰ δ' εὑρεθείη τις τοιοῦτος, τὸν μὲν ἀνεῖσθαι ἐλεύθερον, τὸν δὲ ζημίᾳ χρημάτων κολάζεσθαι*“, Eusebius, Vita Constantini 4,27, ed. I.A. Heikel, Die griechischen christlichen Schriftsteller der ersten drei Jahrhunderte, Bd. 7,I, Leipzig 1902, S. 127. *„Ferner gab der Kaiser auch ein Gesetz, daß kein Christ mehr Sklave eines Juden sein dürfe; denn es sei durchaus unrecht, daß die von dem Heiland Erlösten unter das Sklavenjoch der Mörder der Propheten und des Herrn kämen; wenn sich ein solcher finde, solle er freigelassen, der Jude aber mit einer Geldstrafe belegt werden“*, J. M. Pfättisch, Des Eusebius Pamphili vier Bücher über das Leben des Kaisers Konstantin, in: Des Eusebius von Cäsarea ausgewählte Schriften aus dem Griechischen übersetzt, Bd. I (Bibliothek der Kirchenväter, Bd. 9), Kempten-München 1913, S. 161. Vgl. dazu ausführlich Langenfeld, a.a.O., S. 73–77, der dem Bericht des Eusebius eher skeptisch gegenübersteht. Dagegen meint Linder, The Jews in Roman Imperial Legislation, S. 271, Anm. 13, Konstantin der Große habe wahrscheinlich nach dem Gesetz von 335 (Const. Sirmond, 4) eine weitere Konstitution mit dem von Eusebius mitgeteilten Inhalt erlassen. – Seaver, a.a.O., S. 31, erkennt die Widersprüche zwischen den überlieferten Gesetzen und der Nachricht der Vita Constantini nicht.

[134] Vgl. LINDER, The Jews in Roman Imperial Legislation, S. 144ff.

[135] NOETHLICHS, a.a.O., S. 46.

[136] Cod. Theod. 16.9.2: *„Si aliquis Iudaeorum mancipium sectae alterius seu nationis crediderit conparandum, mancipium fisco protinus vindicetur: si vero emptum circumciderit, non solum mancipii damno multetur, verum etiam capitali sententia puniatur. Quod si venerandae fidei conscia mancipia Iudaeus mercari non dubitet, omnia, quae aput eum repperiuntur, protinus auferantur nec interponatur quicquam morae, quin eorum hominum qui Christiani sunt possessione careat ...“*, edd. MOMMSEN / MEYER / KRÜGER, Vo. I,2, S. 896. – *„Wenn ein Jude geglaubt hat, einen Sklaven käuflich erwerben zu müssen, der einer anderen Sekte oder Nation angehört (als der jüdischen), soll der Sklave unverzüglich konfisziert werden. Wenn er jedoch den gekauften (Sklaven) beschnitten hat, soll er nicht nur mit dem Verlust des Sklaven bestraft werden, sondern auch die Todestrafe erhalten. Wenn nun ein Jude nicht zögert, Sklaven zu kaufen, die sich zu dem verehrungswürdigen (christ-*

Die gegenüber dem Gesetz Konstantins des Großen eindeutige Verschärfung der Bestimmung Konstantins II. liegt *„neben der harten Strafe (Verlust des Sklaven, Todesstrafe für den Juden) auch darin, daß der Kauf* (nichtjüdischer Sklaven) *an sich schon untersagt wurde, was damit natürlich auch für weibliche Sklaven galt, die nicht unter das Beschneidungsverbot fielen"*[137].

Auf die ursprünglich mit Cod. Theod. 16.9.2 in demselben Gesetz Konstantins II. enthaltene Verfügung des Cod. Theod. 16.8.6, die die Rückkehr von Arbeiterinnen der kaiserlichen Webereien, die von Juden zu ihrem Glauben bekehrt worden waren, anordnete und für die Zukunft die Bekehrung christlicher Frauen durch Juden unter Todesstrafe stellte, sind wir im Zusammenhang mit dem Problem der jüdisch-christlichen Mischehen bereits kurz eingegangen[138]. Bei den Arbeiterinnen dieser staatlichen Weibereibetriebe handelte es sich um Sklavinnen[139], und BACHACH ist der Meinung, daß sich das

lichen) Glauben bekennen, soll ihm all sein Besitz (mitsamt den Sklaven) alsbald genommen werden und sie sollen unverzüglich keine christlichen Sklaven mehr besitzen ...", SCHRECKENBERG, a.a.O., S. 270. – Zu dem dritten Tatbestand vgl. neben der zitierten Übersetzung von SCHRECKENBERG die Interpretation von LANGENFELD, a.a.O., S. 79-81 (– Verlust nur der christlichen Sklaven –), dem NOETHLICHS, a.a.O., S. 46 mit Anm. 276 auf S. 265, folgt. So versteht den letzten Satz auch VOGLER, a.a.O., S. 73: *„Et si un juif n'hésite pas à acheter des esclaves partageant la foi vénérable, tous ceux qui seront trouvés chez lui lui sont aussitôt enlevés, et on ne mettra aucun retard à le priver de la possession des ces hommes qui sont chrétiens"*. COHEN, a.a.O., S. 9, nimmt den Verlust sämtlicher Sklaven an. LINDER, The Jews in Roman Imperial Legislation, S. 148, übersetzt den letzten Satz der Verfügung folgendermaßen: *„But if a Jew shall not hesitate to purchase slaves who are associates in the venerable faith, all those found with him shall be immediately taken away, and he shall be deprived in no time at all, of the possession of all those men who are Christians"*. Dazu bemerkt er in Anm. 7 auf S. 149: *„Unlike ‚dominium', ‚possessio' does not signify a complete ownership. The original text probably included specific instructions on the fate of those slaves, whether a vindication of ownership by the treasury or manumission in some sort of legal action"*.

137 NOETHLICHS, a.a.O., S. 46f. – Die Meinung VOGLERS, a.a.O., S. 53: *„Cette décision revenait à interdire aux juifs de posséder des esclaves, car il leur était interdit de tolérer que des juifs de naissance fussent réduits à l'état de servitude, et ils avaient toujours racheté et affranchi les esclaves juifs"*, ist nicht haltbar, da sie von einer falschen Prämisse ausgeht (s. dazu unten, S. 67, 74f.). Ein Besitzverbot ist aber aus dieser Konstitution nicht herzuleiten.

138 S. oben S. 15ff. Dort in Anm. 26 auch das Zitat des Gesetzes mit der Übersetzung von SCHRECKENBERG.

139 Vgl. LINDER, The Jews in Roman Imperial Legislation, S. 150, Anm. 8, der auf H. LECLERCQ, Art. Gynecée, in: DACL VI,2 (1925), Sp. 1923–1927, u. J.P. WILD, The Gynaeceum at Venta and its Context, in: Latomus 26 (1967), S. 648–676, verweist. S. ferner BACHRACH, The Jewish Community of the Later Roman Empire. A

Bekehrungsverbot auf „*Christian women [who are imperial dependants]*“[140], also auf Frauen unfreien Standes, beschränkt habe. Für diese Ansicht spricht unseres Erachtens die für eine zukünftige Übertretung dieses Verbotes angedrohte Todesstrafe, die identisch ist mit der in Cod. Theod. 16.9.2 angedrohten Strafe für die mit der Bekehrung eines männlichen Sklaven verbundene Beschneidung, und der Umstand, daß die beiden Verfügungen des Cod. Theod. ursprünglich in einem Gesetz vereinigt waren, das sich mit dem Problem der Sklaven der Juden befaßt.

Den Grund für das Fernbleiben der zum Judentum konvertierten Arbeiterinnen von der Arbeit, möchte BACHRACH darin sehen, daß bei der Herstellung der Uniformen für die kaiserlichen Beamten und die Armee, die in den „*gynaeceae*“ erfolgte, ein aus einer Mischung von Leinen und Wolle bestehender Stoff („*linostemus*“) Verwendung fand, der nach jüdischem Gesetz von Juden nicht getragen und ausweislich der Mischnah (Kilayim 9.8,9) nicht zu Kleidern verarbeitet werden durfte. Deshalb habe man sich in diesem Fall auf das römische Recht berufen können, das den Juden eine ungehinderte Ausübung ihrer religiösen Praktiken garantierte[141].

Das nächste der zu unserem Problem überlieferten römischen Gesetze, Cod. Theod. 3.1.5, datiert aus dem Jahr 384. Es untersagt den Kauf und die Beschneidung christlicher Sklaven und droht bei Zuwiderhandlung mit dem Verlust der Sklaven und einer „*dem Verbrechen angemessenen Strafe*“ („*congrua atque apta facinori poena*“). Des weiteren wird bestimmt, daß in jüdischem Besitz befindliche christliche oder ehemals christliche Sklaven gegen Zahlung eines angemessenen Preises durch Christen aus der unwürdigen Sklaverei der Juden befreit werden[142].

Social, Economic, and Administrative Survey, Oxford 1964, Bd. 2, S. 836, der darauf hinweist, „*that during the ‚Great Persecution‘ Christians were made slaves of the imperial treasury and sent to work in the mills*“. S. auch ebd., S. 411, Anm. 46.

140 BACHRACH, The Jewish Community of the Later Roman Empire, S. 411.

141 Ebd., S. 409, Anm. 37. – Eine Zusammenstellung der auf den jüdischen Kultus bezüglichen römischen Gesetze bietet LANGENFELD, a.a.O., S. 61, Anm. 144.

142 Cod. Theod. 3.1.5: „*Ne quis omnino Iudaeorum Christianum conparet servum neue ex Christiano Iudaicis sacramentis adtaminet. Quod si factum publica indago conpererit, et servi abstrahi debent et tales domini congruae atque aptae facinori poenae subiaceant, addito eo, ut, si qui apud Iudaeos vel adhuc Christiani servi vel ex Christianis Iudaei repperti fuerint, soluto per Christianos conpetenti pretio ab indigna servitute redimantur*“, edd. MOMMSEN / MEYER / KRÜGER, Vol. I,2 S. 128. – „*Kein Jude soll einen Sklaven christlichen Glaubens kaufen und ihn nach jüdischem Ritus (d. h. durch die Beschneidung) schänden. Sollte eine öffentliche Untersuchung diesen Tatbestand ergeben, müssen die Sklaven (ihren Herren) weggenommen und die Herren solcher Sklaven angemessen bestraft werden. Zusatz: Wenn bei Juden Sklaven ermittelt sind, die noch Christen sind oder die zuvor*

Das Gesetz liegt nicht im Original, sondern nur in der durch Brev. Alar. 3.1.5 überlieferten Version vor[143], der zudem eine Interpretation beigegeben ist, auf die noch näher einzugehen ist[144].

LANGENFELD und NOETHLICHS halten die durch die Wendung *„addito eo"* verbundenen Bestimmungen von Cod. Theod. 3.1.5 für Bestandteile ein und desselben Gesetzes, wobei die Verfügungen des ersten Teiles, das heißt das Kauf- und Beschneidungsverbot, zukünftig anzuwenden seien, während das Loskaufgebot des zweiten Teiles sich rückwirkend auf Vorgänge erstrecke, die dem Erlaß von Cod. Theod. 3.1.5 vorausgegangen seien[145].

christlichen Glaubens waren, sollen sie christlicherseits durch Erlegung eines angemessenen Kaufpreises von unwürdiger Knechtschaft freigekauft werden", SCHRECKENBERG, a.a.O., S. 300.

143 Vgl. LINDER, The Jews in Roman Imperial Legislation, S. 174.

144 *„INTERPRETATIO. Convenit ante omnia observari, ut nulli Iudaeo servum Christianum habere liceat, certe nullatenus audeat, ut Christianum si habuerit, ad suam legem transferre praesumat. Quod si fecerit, noverit se sublatis servis poenam dignam tanto crimine subiturum: Nam ante legem datam id fuerat statutum, ut pro Christiano servo, si inquinatus fuisset pollutione Iudaica, sciret sibi pretium quod dederat a Christianis esse reddendum, ut servus in Christiana lege maneret"*, edd. MOMMSEN / MEYER / KRÜGER, Vol. I,2, S. 129. *„Man kam überein, vor allem in acht zu nehmen, dass keinem Juden erlaubt sei, einen christlichen Sklaven zu haben, und er es unter keinen Umständen wagen solle, sich anzumassen, wenn er ihn gehabt haben wird, den Christen zu seinem Gesetze zu bringen. Wird er es gethan haben, so möge er wissen, dass er, unter Entziehung der Sklaven, einer eines so großen Verbrechens würdigen Strafe unterliegen werde. Vor dem Erlaß dieses Gesetzes war verfügt worden, daß einem Juden von den Christen für einen christlichen Sklaven, wenn er mit dem Schmutz des Judentums befleckt worden war, der Preis, den der Jude für ihn bezahlt hatte, zurückgegeben werden soll, damit der Sklave im christlichen Glauben bleibe"*, CONRAT, a.a.O., S. 157, dessen Übersetzung *„Entziehung des Sklaven"* wir (– dem Text der *„Interpretatio"* folgend –) in *„Entziehung der Sklaven"* geändert haben. Letzter Satz Übersetzung des Verfassers. – LINDER, The Jews in Roman Imperial Legislation, S. 176f., übersetzt: *„COMMENTARY: It behoves to take care, above all, that no Jew shall be permitted to have a Christian slave, and certainly he shall on no account dare to presume to convert a Christian slave if he shall have one, to his own law. If he shall do this, he should know he shall suffer a punishment commensurate with such a crime and his slaves shall be taken away; for it had been decreed before this law was given, that he shall be paid by Christians the price he had given for a Christian slave, if that was contaminated with the Jewish pollution, in order that the slave shall abide in the Christian law"*. – Zu dem ersten Satz der *„Interpretatio"* bemerkt COHEN, a.a.O., S. 12: *„Jewish ownership of Christian slaves is acknowledged by the second half of this sentence, even though it is frowned upon by the first; it thus cannot have been illegal"*.

145 LANGENFLED, a.a.O., S. 83 u. 85, meint, diese Verfügung des Cod. Theod. 3.1.5 entspreche *„in ihrem Tenor der Konstitution CT 16.9.2"* von 339, von der sie sich im wesentlichen nur dadurch unterscheide, daß es jetzt nur noch um christliche

Demgegenüber vertritt LINDER die Ansicht, es handele sich um „*two separate and contradictory fragments which are joined together by the words ‚addito eo‘, ‚furthermore‘.*“ Für diese seine These spräche einmal, daß „(the) *possession of Christian slaves by Jewish owners – and even more so their conversion to Judaism – had been forbidden since 339*“. Ein grundsätzliches Besitzverbot christlicher Sklaven für Juden ist aber aus Cod. Theod. 16.9.2 von 339 nicht herzuleiten, so daß dies Argument nicht sticht.

Seine These sieht LINDER des weiteren dadurch gestützt, daß infolge der Verbindung der beiden Fragmente durch das „*addito eo*“ der Eindruck erweckt werde, als verschärfe die Verfügung des zweiten „Fragmentes“ diejenigen des ersten, während sie in Wirklichkeit nicht nur wesentlich milder sei, sondern ihr auch in beachtlichem Ausmaß widerspräche. Auch hier ist LINDER

Sklaven ginge, während alle anderen Bestimmungen denen des Cod. Theod. 16.9.2 entsprächen: Kauf- und Beschneidungsverbot, Konfiszierung und zusätzliche Strafe, „*auf die in CT 3.1.5 nur pauschal*“ habe verwiesen werden zu brauchen, „*weil sie in CT 16.9.2 sehr genau nach den verschiedenen Graden des Verbrechens abgestuft*“ festgesetzt gewesen sei.

Laut NOETHLICHS, a.a.O., S. 183f., steht Cod. Theod. 3.1.5 insofern in der Tradition der Gesetze Konstantins des Großen von 335 (Cod. Theod. 16.9.1) und Konstantins II. von 339 (Cod. Theod. 16.9.2), als das Ziel, durch das Verbot der Beschneidung eine Ausbreitung des Judentums zu verhindern, unverändert beibehalten worden sei. Auch NOETHLICHS weist auf die Beschränkung der Maßnahmen auf christliche oder gewesene christliche Sklaven durch Theodosius I. in Cod. Theod. 3.1.5 hin, worin er mit LANGENFELD „*ein Zeichen für die fortgeschrittene Christianisierung des Reiches*“ sieht. Eine Milderung gegenüber Cod. Theod. 16.9.2 stelle hingegen dar, daß „*in Cod. Theod. 3.1.5 nur der Erwerb christlicher Sklaven untersagt und im Falle der Beschneidung wahrscheinlich keine Todestrafe verhängt wurde*“.

Die „*nicht erheblich*(en)“ Unterschiede zwischen Cod. Theod. 16.9.2 von 339 und Cod. Theod. 3.1.5 von 384 legen nach LANGENFELD, a.a.O., S. 84, den Schluß nahe, „*daß in der Zwischenzeit keine grundsätzlich anderen Bestimmungen erlassen*“ worden seien und daß die Aufforderung, „*daß die Christen ihre bei Juden dienenden Glaubensbrüder freikaufen sollten ... keinen bindenden Charakter*“ besessen habe und „*mit Rechtsmitteln nicht zu erzwingen*“ gewesen sei. Im gleichen Sinne COHEN, a.a.O., S. 12: „*But this final clause* (sc. Bestimmung den Loskauf betreffend) *seems to be expressing a desired optimal result rather than a command binding upon Jews or Christians, because it allows for no mechanisms to ensure that these transactions would take place*“.

NOETHLICHS, a.a.O., S. 183f., sieht in der „*rückwirkende*(n)“ Loskaufbestimmung des Cod. Theod. 3.1.5 einen „*Kompromiß zwischen Religions- und Wirtschaftspolitik, da man weitgehend die bisherigen Verhältnisse belassen oder zumindest den materiellen Schaden für die Juden möglichst klein*“ habe halten wollen; „*das Hauptgewicht*“ habe „*auf einer Regelung für die Zukunft*“ gelegen. „*Die Rückerstattung des Kaufpreises für christliche oder ehemals christliche Sklaven*“ stelle aber eine Verschärfung gegenüber Cod. Theod. 16.9.2 dar.

nicht beizupflichten, da er nicht berücksichtigt, daß in Cod. Theod. 3.1.5 zwei völlig unterschiedliche Sachverhalte geregelt werden: Das (– bei Verstoß mit dem ersatzlosen Verlust der Sklaven und einer zusätzlichen angemessenen Strafe zu ahndende –) Kauf- und Beschneidungsverbot christlicher Sklaven einerseits und das Loskaufgebot für in jüdischem Besitz befindliche christliche oder ehemals christliche, näherhin zum Judentum bekehrte Sklaven andererseits.

Aufgrund des linguistischen Befundes läßt sich nur soviel feststellen: Der Ablativus Absolutus *„addito eo"* setzt die beiden Sachverhalte des Cod. Theod. 3.1.5 in ein zeitliches Verhältnis, wobei das Partizip Perfekt anzeigt, daß die im zweiten Teil des Gesetzes verzeichnete Bestimmung den Loskauf christlicher Sklaven betreffend der ersten zeitlich voraufging. Dieser Befund stimmt überein mit dem Verständnis der Wendung *„addito eo"* in der *„Interpretatio"* zu Brev. Alar. (= Cod. Theod.) 3.1.5: *„Nam ante legem datam, fuerit statutum ..."*

Daraus folgt, daß Theodosius I. in seiner Verfügung vom September 384 auf ein dieser voraufgehendes Gesetz Bezug nimmt und folglich das Loskaufgebot bereits vor diesem Zeitpunkt existierte. Nicht bewiesen ist hingegen LINDERS These, daß diese beiden Gesetze erst von den Herausgebern des Brev. Alar. miteinander verbunden worden seien, wobei sie den Widerspruch, der dadurch zwischen den beiden Teilen des so entstandenen Textes verursacht worden sei, übersehen hätten[146]. Dieser angebliche Widerspruch ist aber, wie wir gesehen haben, lediglich eine Folge der Fehlinterpretation des vorliegenden Gesetzestextes durch LINDER.

Für eine weitere Behauptung, nämlich daß jene im zweiten Teil des Gesetzes angeführte Verfügung bezüglich des Loskaufes der christlichen Sklaven ausweislich der *„Interpretatio"* zu Cod. Theod. / Brev. Alar. 3.1.5 durch die Verfügung Theodosius I. außer Kraft gesetzt worden sei, bleibt LINDER jegliche Begründung schuldig[147].

Das Loskaufgebot hält NOETHLICHS, wie bereits erwähnt, für eine rückwirkende Bestimmung. Dafür, daß es (– entgegen der Aussage der *„Interpretatio"* –) erst 384 erlassen worden sei, führt er als Argument an, daß der Cod. Theod. eine solche frühere Verfügung nicht kenne und *„sie auch an sich recht unglaubwürdig"* erscheine, denn: *„Dann hätte ein Jude christliche Sklaven kaufen (was ja nach der 'interpretatio' nicht verboten war[148]) und,*

[146] The Jews in Roman Imperial Legislation, S. 175.

[147] Ebd.

[148] Auch hier mißversteht NOETHLICHS den Text, denn die *„Interpretatio"* ersetzt das *„conparare"* des Gesetzes durch *„habere"*, somit das Kauf- durch ein Besitzverbot; das letztere impliziert das erstere, ersteres hingegen nicht das letztere.

wenn sie alt wurden bzw. ihre Arbeitskraft nachließ oder die Juden sie nach ihrem Gesetz hätten freilassen müssen, sie beschneiden können. Für den rückerstatteten Kaufpreis hätte er wieder christliche Sklaven kaufen können usw. Die Juden hätten dann mit dem einmaligen Kauf von Sklaven ihre Arbeiterschaft immer leistungsfähig halten können, ohne je einen weiteren Sesterz zu investieren, wenn man von Erhöhungen der Sklavenpreise absieht und sie nur den alten Kaufpreis bekamen"[149].

Ist das von NOETHLICHS angeführte argumentum e silentio durch den Nachweis der Existenz eines bereits vor dem September 384 existierenden Loskaufgebotes entkräftet, so halten auch die von ihm für diesen Fall befürchteten Folgen einer kritischen Überprüfung nicht stand, denn das im ersten Teil des Cod. Theod. 3.1.5 enthaltene Kauf- und Beschneidungsverbot für christliche Sklaven wurde nicht erst 384 verfügt, sondern bestand ja bereits seit 335 (Cod. Theod. 16.9.1: Beschneidungsverbot) beziehungsweise seit 339 (Cod. Theod. 16.9.2: Kauf- und Beschneidungsverbot). Abgesehen von der nicht geklärten Frage, was in Cod. Theod. 3.1.5 unter „*congrua atque apta facinori poena*" zu verstehen ist, stellt dies Gesetz nichts anderes als eine Fixierung der bis dato gültigen römischen Gesetzgebung bezüglich der christlichen Sklaven der Juden dar. Angesichts des seit 335/339 bestehenden Beschneidungs- und Kaufverbotes christlicher Sklaven kann das irgendwann zwischen 339 und 384 zu datierende Loskaufgebot sich nicht auf nach 335 beschnittene oder nach 339 gekaufte und dann beschnittene christliche Sklaven bezogen haben (– hierfür sah das Gesetz deren Konfiszierung und die Todesstrafe für den Juden vor[150] –), sondern nur auf vor 335 beschnittene oder vor 339 gekaufte und dann beschnittene christliche Sklaven von Juden, deren Besitz gesetzlich gestattet war beziehungsweise auf solche Sklaven christlichen Bekenntnisses, die auf andere legitime Art in jüdischen Besitz gelangt waren. Zu denken ist hier vor allem an die Nachkommen der christlichen Sklaven von Juden, deren Besitz ebenso legitim war wie der Besitz derjenigen, die durch Erbschaft oder Schenkung erworben waren. Ziel der römischen Gesetzgebung bezüglich der nichtjüdischen Sklaven der Juden war es, deren Bekehrung zum Judentum zu verhindern. Da man aber die Juden gemäß dem Rechtsgrundsatz „*nulla poena sine lege*" für die Beschneidung und den Kauf nichtjüdischer Sklaven vor 335/339 ebensowenig bestrafen konnte wie für den legitimen Besitz solcher Sklaven (– der materielle Verlust als Folge einer entschädigungslosen

[149] A.a.O., S. 336, Anm. 1015.

[150] Daß die Bestimmungen des Cod. Theod. 16.9.2, selbst wenn sie von Kaiser Julian aufgehoben worden sein sollten, seit 363 wieder in Kraft waren, hat LANGENFELD, a.a.O., S. 83, Anm. 200, gezeigt.

Freilassung oder Konfiszierung hätte eine Strafe bedeutet –), blieb als einziges Mittel der Loskauf, um diese rechtmäßig in jüdischem Besitz befindlichen christlichen Sklaven den jüdischen Proselytismusbestrebungen zu entziehen.

Einzugehen ist schließlich noch auf eine auffällige Diskrepanz zwischen dem Wortlaut der ersten Bestimmung von Brev. Alar. (= Cod. Theod.) 3.1.5 „*Ne quis omnino Iudaeorum Christianum conparet servum* ...“ und der dazugehörenden, „*schon in der Spätantike verfaßte*(n) *Interpretation*“[151] „... *ut nulli Iudaeo servum Christianum habere liceat* ...“ LOTTER, der in diesem Zusammenhang darauf hinweist, daß bereits Eusebius von Caesarea dem Kaiser Konstantin dem Großen die Verordnung eines allgemeinen Besitzverbotes christlicher Sklaven für Juden zugeschrieben hatte[152] und sich eine entsprechende Behauptung (– „*Ne Christianum mancipium Iudaeus habeat*“ –) im Titulus des Abschnitts XVI des Cod. Theod. sowie „*eine im gleichen Sinne durch Interpolation verfälschte Fassung des ... Edikts*“ Konstantins II. „*(Cod. Theod. 16.9.2) im Cod. Iust. 1.10.1*“[153] findet, ist beizupflichten, wenn er feststellt, daß die uns überlieferten Judengesetze „*diese Behauptungen und redaktionellen Nachträge*“ widerlegen. „*Dennoch tritt in ihnen*“, so LOTTER, „*eine von der Kirche erhobene Forderung zutage, der jedoch die Kaiser des 4./5. Jhs. nicht nachkamen. Sie schlugen vielmehr einen Mittelweg ein, der einerseits den Proselytismus unterbinden sollte, andererseits aber den jüdischen Grundbesitzern und Sklavenhaltern nicht die Existenzgrundlage entzog. Schwerer als die kirchliche Furcht vor Proselytismus wogen offenbar die gesellschaftliche Situation und die wirtschaftlichen Erfordernisse, die es nicht zuließen, die Rechtssicherheit der staatstragenden Schichten anzutasten*“[154].

Die Bestimmung eines Gesetzes des Kaisers Honorius von 409 (Cod. Theod. 16.8.19), die die gewaltsame Bekehrung zum Judentum verbietet und mit der in den voraufgehenden Gesetzen verfügten Strafe belegt[155], dürfte

[151] LOTTER, Entwicklung des Judenrechts, S. 45.

[152] S. oben, S. 60.

[153] „*Quod si aliquis Iudaeorum mancipium vel Christianum habuerit vel sectae alterius seu nationis crediderit ex quacumque causa possidendum et id circumciderit, non solum mancipii damno multetur, verum tamen capitali sententia puniatur, ipso servo pro praemio libertate donando*“, ed. KRÜGER, S. 62. – „*But if someone of the Jews shall have a Christian slave, or if he shall believe that a slave of another sect or nation should be possessed for any reason whatsoever and he shall circumcise him, not only shall he suffer the loss of the slave, but he shall be punished, indeed, by capital punishment, while that same slave shall be given liberty in recompense*“, LINDER, The Jews in Roman Imperial Legislation, S. 149.

[154] Ebd., S. 45.

[155] „*Caelicolorum nomen inauditum quodammodo novum crimen superstitionis vindicabit. Ii nisi intra anni terminos ad dei cultum venerationemque Christianam*

wohl ebenfalls auf Sklaven von Juden oder Angehörigen der ebenfalls in diesem Gesetz behandelten judaisierenden Sekte der „*Caelicoli*"[156] zu beziehen sein.

Das Problem taucht erneut auf im Zusammenhang mit der Degradierung des Patriarchen der Juden Gamaliel VI. von der Würde eines „*vir inlustris*"

conversi fuerint, his legibus, quibus praecepimus haereticos adstringi, se quoque noverint adtinendos. Certum est enim, quidquid a fide Christianorum discrepat, legi Christianae esse contrarium. Quam quidam adhuc, vitae suae etiam et iuris inmemores, adtrectare ita audent, ut de Christianis quosdam foedum cogant taetrumque Iudaeorum nomen induere. Et quamvis qui haec admiserint, priscorum principum legibus iure damnati sint, non tamen paenitet saepius admonere, ne mysteriis Christianis inbuti perversitatem Iudaicam et alienam Romano imperio post Christianitatem cogantur arripere. Ac si quisquam id crediderit esse temptandum, auctores facti cum consciis ad poenam praeteritis legibus cautam praecipimus constringi, quippe cum gravius morte sit et inmitius caede, si quis ex Christiana fide incredulitate Iudaica polluatur. Et idcirco iubemus, ne ecclesiis quisquam nocens vel cuiusquam abducere fideli ac devota deo praeceptione sancimus, sub hac videlicet definitione, ut, si quisquam contra hanc legem venire temptaverit, sciat, se ad maiestatis crimen esse retinendum", edd. MOMMSEN / MEYER / KRÜGER, Vol. I,2, S. 891f. – „*A new crime of superstition shall somehow obtain the unheard name of Heaven-Fearers. Let them know, that unless they return within a year to the cult of God and to the Christian veneration, they too shall be affected by those laws which we have ordered to be imposed on the heretics. For it is certain, that whatever differs from the faith of the Christians is contrary to the Christian Law. Some people, moreover, oblivious of their life and their position, dare to transgress the Law to such an extent, that they force some to cease being Christians and adopt the abominable and vile name of the Jews. Although those that have committed this crime shall be legally condemned under the laws of the ancient emperors, still it does not bother us to admonish repeatedly, that those imbued in the Christian mysteries shall not be forced to adopt the Jewish perversity, which is alien to the Roman Empire, and abjure Christianity. And if someone should believe that this should be wilfully attempted, we order that the instigators of the deed with their accomplices shall suffer the punishment decreed in the former laws, for it is graver than death and crueller than massacre when someone abjures the Christian faith and becomes polluted with the Jewish incredulity. We order, therefore, that *** and legislate in a decree devoted to God, namely under this instruction, that if someone shall attempt to rise against this law, let him know that he shall be punished for high treason*", LINDER, The Jews in Roman Imperial Legislation, S. 258, der, ebd., S. 261, Anm. 8, bemerkt, daß der Text an der durch drei Sterne markierten Stelle „*is obviously corrupt, due to an omission. It seems, that the lost passage has been preserved in CJ 1:12:2. Mommsen suggested the following reconstruction: ,that no fugitive seeking asylum in church, be he innocent or guilty, shall be taken out of churches, and above all that a Jew shall not be allowed to take from them away a slave of any man whatsoever*'."

[156] Vgl. LINDER, The Jews in Roman Imperial Legislation, S. 256f.; 260, Anm. 1 (Literatur).

und Prätorianerpräfekten ehrenhalber zum Rang eines *„vir spectabilis"* durch Theodosius II. im Jahr 415 (Cod. Theod. 16.8.22), worauf hier nicht näher einzugehen ist[157]. Ob aus der Begründung der Degradierung, Gamaliel habe geglaubt, ungestraft Unrecht tun zu können (*„inpune delinquere"*), zu folgern ist, daß er gegen alle nachfolgend angeführten Verbote verstoßen hatte, ist eine offene Frage, zumal, wie LINDER zu Recht betont, nicht geklärt ist, ob sämtliche der in der Verordnung aufgezählten Punkte bereits durch das Gesetz verboten waren[158]. Ausweislich der Verordnung Theodosius II. traf das nur für die beiden letzgenannten Sachverhalte zu: *„Wenn er selbst (d. h. der Patriarch Gamaliel VI.) oder einer der Juden einen Christen beziehungsweise Freien oder Sklaven beliebiger Religionszugehörigkeit mit dem scheußlichen Judenmerkmal (d. h. der Beschneidung) versehen will, soll er der Strenge der Gesetzgebung überantwortet werden. Auch wenn er Sklaven christlichen Glaubens in seiner Gewalt behält, sollen diese entsprechend dem Gesetz Konstantins der Kirche überantwortet werden"*[159].

Während das Beschneidungsverbot, das hier mit der *„Strenge des Gesetzes"* bedroht wird (– wobei, wie schon in Cod. Theod. 3.1.5 und 16.8.19, wo mit der *„dem Verbrechen angemessenen Strafe"* beziehungsweise mit der in den *„vorangehenden Gesetzen festgesetzten Strafe"* gedroht wird, unklar bleibt, ob damit die in Cod. Theod. 16.9.1 angeordnete Freilassung des betreffenden Sklaven oder die in Cod. Theod. 16.9.2 für den Juden verhängte Todesstrafe gemeint ist –), bereits seit 335 Bestandteil des römischen Rechts war, wird hier erstmals in einem überlieferten Gesetzestext den Juden der Besitz christ-

157 Vgl. dazu etwa AVI-YONAH, a.a.O., S. 230; LANGENFELD, a.a.O., S. 89f.; BACHRACH, The Jewish Community in the Later Roman Empire, S. 412ff.; LINDER, The Jews in Roman Imperial Legislation, S. 267ff.

158 LINDER, The Jews in Roman Imperial Legislation, S. 267f. Auch LOTTER, Entwicklung des Judenrechtes, S. 46, spricht nur von *„angeblichen Verstößen gegen die kaiserlichen Judengesetze"*. Wie unterschiedlich hier die Beurteilung ist, zeigt etwa AVI-YONAH, a.a.O., S. 230: *„Der Patriarch verstieß gegen jene Bestimmungen, die die Juden um keinen Preis anerkennen wollten und nie anerkannt hatten: das Verbot des Proselytismus, des Synagogenbaues und der autonomen Gerichtsbarkeit"*. Ferner BACHRACH, The Jewish Community in the Later Roman Empire, S. 412: *„... Gamaliel had broken a number of laws among which were included the building of new synagogues, the exercising of judicial powers over Christians, and the converting of freeborn and slave Christians and non-Christians to Judaism"*.

159 SCHRECKENBERG, a.a.O., S. 345. – Cod. Theod. 16.8.22: *„Si Christianum vel cuiuslibet sectae hominem ingenuum servumve Iudaica nota foedare temptaverit vel ipse* (sc. Gamalielus) *vel quisquam Iudaeorum, legum severitati subdatur. Mancipia quoque Christianae sanctitatis si qua aput se retinet, secundum Constantinianam legem ecclesiae mancipentur"*, edd. MOMMSEN / MEYER / KRÜGER, Vol. I,2, S. 893.

licher Sklaven untersagt. Der Verstoß gegen dieses Verbot sollte *„secundum Constantinianam legem“* mit der Übereignung der Sklaven an die Kirche geahndet werden.

Wie bereits erwähnt, berichtet Eusebius von Caesarea in seiner Vita Konstantins des Großen davon, der Kaiser habe befohlen, daß ein Christ nicht der Sklave eines Juden sein dürfe[160]. Gegen die Vermutung, bei der in Cod. Theod. 16.8.22 erwähnten *„Constantiniana lex“* handele es sich um einen Rekurs auf ein von Eusebius bezeugtes, wenn auch nicht direkt überliefertes Gesetz Konstantins des Großen, spricht aber die ebenfalls von Eusebius für die Übertretung dieses Verbotes mitgeteilte Strafe: Freilassung des Sklaven und Geldbuße für den Juden. Ein ebenfalls erwogener Bezug auf die von Konstantin II. erlassene Verfügung des Cod. Theod. 16.9.2 begegnet wiederum der Schwierigkeit, daß dort nur von einem Beschneidungs- und Kaufverbot, nicht hingegen von einem Verbot des Besitzes christlicher Sklaven gehandelt wird und ebenfalls andere Strafmaße festgelegt werden[161].

Wiederum ist deshalb LOTTER zuzustimmen, demzufolge die Bezugnahme auf eine *„lex Constantiniana“* darauf hindeutet, *„daß zu dieser Zeit bereits interpolierte Fassungen konstantinischer Gesetze in Umlauf waren“*, die Juden den Besitz christlicher Sklaven verboten. Dahinter meinte er den im Rahmen der *„von kirchlichen Kreisen angestrebte*(n) *Deklassierung der Juden“* unternommenen *„Versuch, die grundbesitzenden Schichten jüdischer possessores in den Städten ... ihrer Existenzgrundlage zu berauben“* zu erkennen[162]. Auch

160 S. oben, S. 60.

161 Vgl. LANGENFELD, a.a.O., S. 72f. Dagegen hält LINDER, The Jews in Roman Imperial Legislation, S. 271f., Anm. 13, sowohl einen Bezug auf ein weiteres, nicht überliefertes Gesetz Konstantins des Großen wie auch auf Cod. Theod. 16.9.2 für möglich.

162 Entwicklung des Judenrechts, S. 16. Bei einer Beurteilung der Erfolgsaussichten dieses Versuches ist die Würdigung der Verordnung Theodosius II. durch BACHRACH, The Jewish Community in the Later Roman Empire, S. 412–416, bedenkenswert, namentlich S. 413: „... *Theodosius' reaction to Gamaliel's arrogant flaunting of imperial law is cautious in the extreme. First, it is worth noting that Theodosius' initial effort to deprive Gamaliel of the imperial letters patent and to restrain his illegal behaviour had failed; the text* (sc. Cod. Theod. 16.8.22) ... *marks the emperor's second effort. Some hints as to the situation's delicacy is indicated by the emperor's admonition to the master of the offices. He is warned that the destruction of what surely were illicit synagogues in areas that were unlikely to be thickly populated, i. e. ‚desert places', should be carried out only if he were sure that his actions would not cause revolt among the Jews. This text provides the picture of an emperor who has bestowed high honors on the patriarch of the Jews. The latter, however, seems to have repeatedly flaunted the law while strengthening his own power to the disadvantage of the Christians. A prior imperial effort to restrain the*

LANGENFELD betont, daß die Berufung auf eine *„lex Constantiniana"* in der ja zunächst nur die Person des Patriarchen Gamaliel betreffenden Verfügung Theodosius II. nur dahingehend verstanden werden konnte, daß allen Juden der Besitz christlicher Sklaven untersagt war. Einen weiteren Hinweis auf den Einfluß, den der Klerus auf die kaiserliche Verordnung genommen habe, sieht er in dem Umstand, daß die dem Patriarchen zu entziehenden Sklaven der Kirche zu überantworten seien[163].

Keine drei Wochen liegen zwischen dem in Kostantinopel erlassenen Edikt Theodosius II. vom 20.10.415 (Cod. Theod. 16.8.22) und einem in Ravenna ausgefertigten Reskript des Kaisers Honorius vom 6.11.415 (Cod. Theod. 16.9.3), das auf eine jüdische Intervention hin erfolgte und an die Vorsteher der jüdischen Gemeinden, den *„didascalus"* Annas und die *„maioribus Iudeorum"*, adressiert ist[164]: *„Wir verfügen, daß jüdische Besitzer nur unter der Bedingung ohne Furcht vor (unbegründeter) Anklage christliche Sklaven haben dürfen, daß sie diesen gestatten, an ihrem Glauben festzuhalten. Deshalb sollen die Richter in den Provinzen die Zuverlässigkeit der Meldung (über Verstöße) prüfen und zur Kenntnis nehmen, daß die Unverschämtheit derjenigen in die Schranken zu weisen ist, die geglaubt haben, auf dem Wege über eine Eingabe zu geeigneter Zeit (Juden) anklagen zu müssen. Wir dekretieren, daß alle erschlichenen oder auf betrügerische Weise zustande gekommenen oder noch zustande kommenden Urteile zu annullieren sind. Zuwiderhandlungen sollen wie ein Sakrileg geahndet werden"*[165].

patriarch's illegal activities had failed, and now the emperor speaks of his fears of Jewish violence and perhaps even of revolt if adulterine synagogues in largely uninhabited places are torn down. However, despite the apparent seriousness of the situation, the emperor confined his punishmment of Gamaliel to the loss of the other honores *that the emperor had bestowed upon him previously. Clearly, there is not even the slightest effort to attack Gamaliel's position as leader of the Jewish* gens".

163 A.a.O., S. 90.

164 Vgl. LANGENFELD, a.a.O., S. 92; zur Bezeichnung *„didascalus"* ferner LINDER, The Jews in Roman Imperial Legislation, S. 273f., Anm. 1.

165 SCHRECKENBERG, a.a.O., S. 346. – Cod. Theod. 16.9.3: *„IMPP. HONOR(IUS) ET THEOD(OSIUS) AA. ANNATI DIDASCALO ET MAIORIBUS IUDAEORUM. Absque calumnia praecipimus Iudaeis dominis habere servos Christianos hac dumtaxat condicione permissa, ut propriam religionem eos servare permittant. Ideoque iudices provinciarum fide publicationis inspecta eorum insolentiam noverint reprimendam, qui tempestivis precibus insimulandos esse duxerint, omnesque subreptiones fraudulenter elicitas vel eliciendas vacuandas esse censemus. Si quis contra fecerit, velut in sacrilegum ultio proferatur"*, edd. MOMMSEN / MEYER / KRÜGER, Vol. I,2, S. 896.

Der erste Satze des Reskriptes, der den Juden das Besitzrecht an christlichen Sklaven unter der Bedingung garantiert, daß sie deren Religion nicht antasten, steht in der Tradition der bis 415 erhaltenen einschlägigen Gesetzestexte[166], von denen, wie wir gesehen hatten, keiner den Juden den Besitz christlicher Sklaven verbot. *„Der Unterschied zu den früheren Konstitutionen lag darin, daß das hier positiv herausgestellte Prinzip bis dahin nur aus negativen Normen, d. h. dem Fehlen eines entsprechenden Verbotes zu erschließen gewesen war“*[167].

Der zweite, nur lückenhaft[168] überlieferte Satz nimmt Bezug auf bereits in der Vergangenheit[169] erfolgte illegale[170] Maßnahmen gegen die Juden wegen des Besitzes christlicher Sklaven. Daraus ist zu schließen, daß auch im Westen gegen das Besitzrecht der Juden an christlichen Sklaven bereits vor dem Edikt

166 Das wird von PARKES, a.a.O., S. 202, völlig verkannt, wenn er urteilt: *„Honorius also took a unique step of revoking the consistent policy of Christian imperial legislation in the matter of slaves“*. Auch die folgenden Äußerungen zeigen, daß er den Sinn des Reskriptes nicht richtig erfaß hat: *„He* (sc. Honorius) *allowed them Christian slaves provided that the master did not interfere with the slave's religion. This the master was simply forbidden to do, no penalty being attached. Any interference in their possession of such slaves, however, was to be severely punished“*. Dieses Resümee erweckt den irrigen Eindruck, als sei es Honorius darum gegangen, die in früheren Gesetzen festgelegte Strafe für die Beschneidung christlicher Sklaven aufzuheben, eine Verletzung des jüdischen Rechtes, christliche Sklaven zu besitzen, hingegen unter Strafe zu stellen. Gegenstand des Reskriptes ist aber, den Juden den an bestimmte Bedingungen geknüpften Besitz christlicher Sklaven zu garantieren. Daraus erklärt sich, warum für einen Verstoß gegen diese Besitzgarantie eine Strafe angedroht wird, während die für Verstöße gegen die Behandlung christlicher Sklaven vorgesehenen Sanktionen gegen die Juden unerwähnt bleiben.

167 LANGENFELD, a.a.O., S. 92.

168 LINDER, The Jews in Roman Imperial Legislation, S. 272: *„It* (sc. Cod. Theod. 16.9.3) *has been preserved ... in a version vitiated by an omission. ... The second part of the law referred, possibly, to illegal judicial proceedings and confiscations of property carried out against Jews for possession of Christian slaves“*. Zu dem den zweiten Satz einleitenden *„ideoque“* bemerkt LINDER, a.a.O., S. 274, Anm. 3: *„... the legislator dealt here with a new subject, whose connection with the preceding sentence is not entirely clear, the result, probably, of an omission“*.

169 Das folgt, wie bereits LANGENFELD, a.a.O., S. 91, darlegt, aus der den ersten Satz einleitenden Wendung *„absque calumnia“*, woraus auf voraufgegangene Schikanen zu schließen ist, wie auch aus der Formulierung *„subreptiones fraudulenter elicitas“*.

170 LINDER, The Jews in Roman Imperial Legislation, S. 274, Anm. 4, weist darauf hin, daß bereits GOTHOFREDUS das *„tempestivis“* zu *„intempestivis“* (= ungesetzlich) emendiert habe.

Theodosius II. verstoßen wurde[171], so daß ein (– schon wegen der kurzen Zeitspanne wenig wahrscheinlicher[172] –) Zusammenhang zwischen dem Erlaß des Ediktes und des Reskriptes auszuschließen ist[173]. Die im Reskript des Honorius besonders betonte Ungesetzlichlich der mittels Fälschung erfolgten Maßnahmen gegen das Besitzrecht der Juden an christlichen Sklaven ist als ein weiteres beweiskräftiges Indiz für die Nichtexistenz eines Besitzverbotes vor 415[174] und die von LOTTER vertretene Interpolationsthese zu betrachten.

Nicht auszuschließen ist ein Einfluß des Reskriptes des Honorius von 415 auf eine am 10. April 417 erlassene Konstitution Theodosius II., dessen Versuch, ein absolutes Besitzverbot christlicher Sklaven für Juden durchzusetzen,

[171] „*Our law was given in response to a petition by the Jews before the Court at Ravenna, a clear indication that practical measures were adopted in the West as well as in the East on the principle that possession of Christian slaves by the Jews was illegal*", LINDER, The Jews in Roman Imperial Legislation, S. 272.

[172] So bereits LANGENFELD, a.a.O., S. 92, dessen S. 92f. mitgeteilte Überlegungen sich angesichts des von uns aufgezeigte Sachverhaltes erübrigen.

[173] Einen Zusammenhang zwischen Edikt und Reskript legt die Darstellung LOTTERS, Entwicklung des Judenrechtes, S. 46f., nahe, wenn er, nachdem er die Verordnung Theodosius II. behandelt hat, fortfährt: „*Doch wiederum erwies sich das Interesse des Staates an der Erhaltung der das Steueraufkommen tragenden Schichten der grundbesitzenden Mittelklassen als vorrangig. Schon wenige Wochen nach dem oben erwähnten byzantinischen Edikt stellt ein offenbar auf eine jüdische Intervention antwortendes Reskript des Kaisers Honorius in Ravenna kategorisch fest, daß Juden christliche Sklaven besitzen, sie freilich nicht zu Proselyten machen dürfen. Der Erlaß wendet sich nachdrücklich gegen diejenigen, die unter falschen Vorspiegelungen rechtswidrige Erlasse erschlichen hätten oder erschleichen würden, und erklärt derartige Verordnungen ausdrücklich für ungültig. In der Folge scheinen sich Byzanz und Ravenna in dieser Frage wieder verständigt zu haben ...*" Ihm folgt H. CASTRITIUS, ‚*Seid weder den Juden noch den Heiden noch der Gemeinde Gottes ein Ärgernis*' (1. Kor. 10,32). Zur sozialen und rechtlichen Stellung der Juden im spätrömischen Nordafrika, in: Festschrift Strauss (s. oben Anm. 5), S. 57f.

[174] Der Meinung VOGLERS, a.a.O., S. 53: „*Les propriétaires juifs se défendirent contre ces mesures d'interdiction et obtinrent pendant tout le IVe siècle une tolérance de fait de la part des autorités: moyennant la promesse qu'ils ne circonciraient pas leurs esclaves, il leur était permis d'en posséder : la loi XVI,9,3, de 415, promulguée à Ravenne, fait apparaître cette tolérance et ordonne aux gouverneurs de vérifier l'honnêteté de la confiscation d'esclaves chez des propriétaires juifs, ‚accusés faussement'*", können wir uns folglich ebensowenig anschließen wie der Auffassung LINDERS, The Jews in Roman Imperial Legislation, S. 272f., „*The acceptance by the government of a request presented by the Jews in this matter* (sc. Besitzrecht) *represented a clear departure from the traditional policy of the Christian Emperors, in force after the early fourth century*".

in der Wirklichkeit offensichtlich auf Schwierigkeiten stieß[175]. Cod. Theod, 16.9.4 verfügte: „*Ein Jude darf nicht einen christlichen Sklaven kaufen oder als Geschenk erhalten. Wer sich daran nicht hält, soll sein dreist erworbenes Besitzrecht verlieren. Der Sklave selbst soll, wenn er von sich aus Mitteilung von dem Fall machen zu müssen glaubt, zur Belohnung mit der Freiheit beschenkt werden. Die übrigen jedoch, die Teilhaber der rechten Religion sind und die der verruchte Aberglaube als seinen Besitz ererbt zu haben scheint beziehungsweise in Zukunft durch Erbschaft oder Fideikommiß (als Besitz) erlangen wird, mag er unter der Bedingung besitzen, daß er sie nicht – sei es unfreiwillig oder freiwillig – mit dem Unflat seiner eigenen Sekte vereinigt (d. h. zu Juden macht). Dabei soll gelten, daß wenn diese Verfügung übertreten wird, diejenigen, die ein solches Verbrechen begehen, mit der Todesstrafe nebst Vermögensbeschlagnahme bestraft werden*“[176].

[175] Vgl. LINDER, The Jews in Roman Imperial Legislation, S. 277; LANGENFELD, a.a.O., S. 94.

[176] SCHRECKENBERG, a.a.O., S. 347, dessen Übersetzung wir an der durch Unterstreichung kenntlich gemachten Stelle korrigiert haben. SCHRECKENBERGS Übersetzung des bis „*consecuta*“ reichenden Teiles des dritten Satzes (– „*Die übrigen [Sklaven] jedoch, die als Mitglieder der richtigen Religion bereits zu seinem Besitz zählen, obwohl er sie als Angehöriger eines verruchten Aberglaubens* [nefanda superstitio] *bekommen zu haben scheint beziehungsweise hernach als Erbschaft oder Fideikommiß bekam* ...“ –) ist gekennzeichnet durch eine Reihe von Fehlern. Die Flucht in die „freie Übersetzung“ dürfte eine Folge des Nichtverstehens dieser Textpassage sein. Partiell besser gelungen ist die Übersetzung von LINDER, S. 278: „*The others, however, who partake in the right religion and are held under the rule of the nefarious superstition, which appears to have acquired them in the past, or should acquire them hereafter, in inheritance or in fideicomissum* ...“ Aber auch er erfaßt die Bedeutung der für das Verständnis der in dem fraglichen Teil von Satz drei enthaltenen ersten Alternative entscheidenden Begriffe „*census*“ und „*sortita*“ nicht. Dafür verdanken wir ihm (auf S. 150, Anm. 10) einen Hinweis auf die unterschiedliche Bedeutung von „*comparare*“ und „*consequi*“ samt Literaturverweis auf W.H. KIRK, A Note on Latin Verbs of Acquisition, in: Classical Philology 21 (1926), S. 77–80. – Cod. Theod. 16.9.4: „*Iudaeus servum Christianum nec conparare debebit nec largitatis titulo consequi. Qui non hoc observaverit, dominio sibi petulanter adquisito careat, ipso servo, si quod fuerit gestum sua sponte duxerit publicandum, pro praemio libertate donando. Verum ceteros, quos rectae religionis participes constitutos in suo censu nefanda superstitio iam videtur esse sortita vel deinceps hereditatis seu fideicommissi nomine fuerit consecuta, sub hac lege possideat, ut eos nec invitos nec volentes caeno propriae sectae confundat, ita ut, si haec forma fuerit violata, sceleris tanti auctores capitali poena proscribtione comitante plectantur*“, edd. MOMMSEN / MEYER / KRÜGER, Vol. I,2, S. 896f.

Bestätigt wird zunächst das Kaufverbot unter Androhung der Konfiskation[177] und ferner das Proselytismusverbot unter Androhung der Todesstrafe und des Vermögensverlustes. Der Besitz christlicher Sklaven ist erlaubt, solange sie ihre Religion behalten dürfen.

Daneben enthält die Konstitution auch einige Modifizierungen und Präzisierungen. *„Das neue Verbot christliche Sklaven durch Schenkung zu erwerben, ergänzte das Kaufverbot insofern, als es die als einseitige unentgeltliche Zuwendungen getarnten Handelsgeschäfte, deren wahrer Charakter schwer nachzuweisen war, unterband, d. h. die Umgehung der längst vorliegenden gesetzlichen Vorschriften unmöglich machte. Andererseits wurde eine klare Trennungslinie gegenüber den Zuweisungen von Todes wegen* (hereditatis seu fideicommissi nomine) *gezogen, die ihrer Natur nach nicht dem Verdacht eines verdeckten Kaufvertrages unterlagen*"[178].

Neu war auch, daß der von einem Juden durch Schenkung oder Kauf erworbene christliche Sklave die Freiheit erlangte, wenn er den Gesetzesverstoß zur Anzeige brachte, wovon man sich wohl *„eine wirkungsvollere Überwachung der Einhaltung des Verbots"*[179] versprach.

Erstmalig wird in der Konstitution, wie LANGENFELD betont, unterschieden zwischen einem erzwungenen und einem freiwilligen Übertritt von christlichen Sklaven zum Judentum, während die bisherige Gesetzgebung von der gewaltsamen Bekehrung zum Judentum ausging[180]. LANGENFELD betont zu Recht, daß in dieser Frage als Motiv der Gesetzgebung auch die Absicht, *„den christlichen Sklaven vor einer Vergewaltigung seiner Seele zu schützen"*, nicht aber die *„Anerkennung seiner Persönlichkeit"* oder etwa die *„Respektierung gewisser freier Willensentscheidungen"*, sondern lediglich die Verhinderung der Apostasie des Sklaven mit allen Mitteln eine Rolle gespielt habe[181], da das Faktum der freiwilligen oder gezwungenen Bekehrung sich in keiner Weise auf die Behandlung eines judaisierten christlichen Sklaven auswirkte. *„Ihre eigentliche Bedeutung"*, so meint LANGENFELD, *„hatte die Formel* nec invitos nec volentes ... *jedoch für die Gerichtspraxis, weil sie Schwierigkeiten aus dem Wege räumte, die entstehen mußten, wenn ein Sklave die Vorteile forderte, die*

[177] Nicht verständlich ist, warum LANGENFELD, a.a.O., S. 95, einerseits die Ansicht äußert, daß die Konstitution *„die Frage, was mit den Sklaven, die in Zukunft freiwillig oder unter Zwang vom christlichen Glauben zum Judentum übertreten würden, geschehen sollte,"* überging, während er andererseits richtig bemerkt, daß *„der Beschnittene ... an den Fiskus fiel"*.

[178] LANGENFELD, a.a.O., S. 96.

[179] Ebd., S. 97.

[180] Ebd., S. 96.

[181] Ebd.

ihm die Gesetze wegen der Beschneidung verhießen, der beklagte Herr aber geltend machte, jener habe von sich aus um die Aufnahme in die jüdische Religionsgemeinschaft ersucht. Da in den früheren Regelungen eine präzise Anweisung gefehlt und CT 16.8.19[182] *den Anschein erweckt hatte, als handele es sich um Schutzbestimmungen zugunsten des christlichen Sklaven, hatte der Richter in Konflikt geraten müssen, ob er seine Entscheidung auf die Aussage des Freien, der aber nicht den rechten Glauben hatte, oder auf die Behauptung des Unfreien, der wiederum rechtgläubig war, gründen solle*"[183]. Der Argumentation LANGENFELDS können wir hier jedoch nicht beipflichten, da sie von einer falschen Prämisse, den angeblichen Vorteilen nämlich, die das römische Recht dem Sklaven nach der Beschneidung verhießen, ausgeht. Lediglich im Falle der Konstitution Konstantins des Großen von 335 (Cod. Theod. 16.9.1)[184] erwuchs dem beschnittenen Sklaven durch die Freilassung ein solcher Vorteil, von dem aber in allen nach 335 erlassenen und überlieferten einschlägigen Gesetzen nicht wieder die Rede ist[185].

Angesichts des in Cod. Theod. 16.9.4 erstmals eingestandenen freiwilligen Übertritts von christlichen Sklaven zum Judentum ist unseres Erachtens vielmehr der Frage nachzugehen, was denn die Gründe für eine solche Verhaltensweise gewesen sind.

„*Bemerkenswert ist an dieser Konstitution endlich*", wie LANGENFELD ausführt, „*daß sie den Juden das Eigentum an allen christlichen Sklaven, die ihnen zum Zeitpunkt der Veröffentlichung gehörten, bestätigte*: quos ... nefanda superstitio iam videtur esse sortita, ... possideat. *Das bedeutet nichts anderes, als daß sie alle, die sie zuvor erworben hatten, unangefochten behalten durften. Der Termin für das Kaufverbot, das seit Jahrzehnten in Geltung war, wurde also praktisch für diejenigen, die es übertreten hatten, bis zum 10.4.417 heraufgezogen ...*"[186]

Dazu ist zu bemerken, daß (– wie wir bereits zeigen konnten[187] –) an dieser Stelle der Konstitution gar nicht von durch Kauf erworbenen christlichen Sklaven die Rede ist, sondern den Juden (– vorbehaltlich der Einhaltung des Beschneidungsverbotes –) das Besitzrecht an infolge Erbschaft zugefallenen

182 S.oben, S. 68ff.
183 A.a.O., S. 96f.
184 S. oben, S. 59, Anm. 131.
185 S. Cod. Theod. 16.9.2 (oben, S. 61f.); 16.8.6 (oben, S. 62f.); 3.1.5 (oben, S. 63ff.); 16.8.19 (oben, S. 68f.); 16.8.22 (oben, S. 69ff.); 16.9.4 (oben, S. 75ff.).
186 A.a.O., S. 97. – Dasselbe Mißverständnis des Textes bei VOGLER, a.a.O., S. 53, („*les juifs sont seulement autorisés à conserver les esclaves chrétiens qu'ils possèdent déjà ou qu'ils ont obtenus par droit d'héritage*").
187 S. oben, S. 75 mit Anm. 176.

christlichen Judensklaven zugesichert wird. Auf eine nur für die Zukunft gültige Verbindlichkeit des Kaufverbotes ist allenfalls aufgrund der von MOMMSEN in seiner Edition in Satz eins ausgewählten Textvariante „*debebit*" zu schließen. Neben dieser futurischen ist aber gleich dreimal auch die präsentische Form „*debet*" überliefert[188], so daß angesichts dieser Textüberlieferung nicht eindeutig auf eine Aussetzung des Kaufverbotes bis zum Erlaß der Konstution des Jahres 417 geschlossen werden kann[189].

Theodosius II. griff das Beschneidungs- und Kaufverbot nochmals in einem Erlaß vom 9.4.423 auf. Cod. Theod. 16.8.26 und 16.9.5, die beide dieser Konstitution entnommen sind[190], bedrohen die Beschneidung von Christen mit Vermögensverlust und nicht mehr wie bisher mit Todesstrafe, sondern mit lebenslänglicher Verbannung[191] und den Kauf christlicher Sklaven mit der „*gesetzlich festgesetzten Strafe*"[192].

Und schließlich kommt Theodosius II. auf das Problem der christlichen Judensklaven noch einmal in seiner dritten Novelle zu sprechen, die auch in das Brev. Alar. übernommen wurde und in der er eine Zusammenfassung seiner die Juden, Samariter, Heiden und Häretiker betreffenden Gesetzgebung vorlegt. Auffällig ist, daß hier nur das Bekehrungsverbot erwähnt wird, dessen Übertretung nun wieder mit Vermögensverlust und Todesstrafe bedroht

188 Vgl. den kritischen Apparat zu Cod. Theod. 16.9.4, Zeile 2, edd. MOMMSEN / MEYER / KRÜGER, Vol. I,2, S. 896.

189 Nicht tragbar erscheint uns das Urteil, zu dem VOGLER, a.a.O., S. 53, nach einem Vergleich von Cod. Theod. 16.9.3 und 16.9.4 gelangt: „*Nous apercevons ici* (sc. in Cod. Theod. 16.9.4) *un contraste assez fort entre la législation occidentale* (sc. Cod. Theod. 16.9.3), *plus bienveillante vis-à-vis des juifs, et l'orientale, franchement hostile*". Unterschiede in der materiell-rechtlichen Substanz sind nicht festzustellen; unübersehbar ist allerdings der Unterschied in der Sprache.

190 Vgl. LINDER, The Jews in Roman Imperial Legislation, S. 289f.

191 Cod. Theod. 16.8.26: „*Tamen ipsi Iudaei et bonorum proscribtione et perpetuo exilio damnabuntur, si nostrae fidei hominem circumcidisse eos vel circumcidendum mandasse constiterit*", edd. MOMMSEN /MEYER / KRÜGER, Vol. I,2, S. 894. – „*Doch werden die Juden ihrerseits mit Vermögensenteignung und lebenslänglicher Verbannung bestraft werden, wenn es feststehen sollte, daß sie jemanden unseres Glaubens beschnitten haben oder haben beschneiden lassen*", SCHRECKENBERG, a.a.O., S. 349.

192 Cod. Theod. 16.9.5: „*Christiana mancipia Iudaeorum nemo audeat comparare. Nefas enim aestimamus religiosissimos famulos impiissimorum emptorum inquinari dominio. Quod si quis hoc fecerit, statutae poenae absque omni erit dilatione obnoxius ...*", edd. MOMMSEN / MEYER / KRÜGER, Vol. I,2, S. 897. – „*Kein Jude soll wagen, christliche Sklaven zu kaufen; denn wir halten es für Sünde, daß allerfrömmstes Dienstpersonal durch das Besitzrecht gottlosester Käufer besudelt wird. Wer dagegen verstößt, verfällt unverzüglich der festgesetzten Strafe ...*", SCHRECKENBERG, a.a.O., S. 348.

wird[193]. Das unterstreicht mit aller Deutlichkeit, daß es dem Gesetzgeber vor allem darauf ankam zu verhindern, daß die Juden aus ihren christlichen Sklaven Proselyten machten.

Als Ergebnis unserer (– infolge der Klärung einer Reihe aus der Forschungslage resultierender Fragen notwendigerweise etwas umfangreicher geratenen –) Übersicht über die Bestimmungen des Cod. Theod. bezüglich der nichtjüdischen/christlichen Sklaven der Juden können wir zusammenfassend festhalten: Die „*materiell-rechtlichen Veränderungen gegenüber den in heidnischer Zeit gültigen Normen*“[194] bestanden in den Verboten der Bekehrung und des Kaufes besagter Sklaven. Beide Verbote, an denen „*alle späteren Kaiser im Gundsätzlichen nichts mehr geändert* (haben)“, gehen in ihrem Kern bereits auf Konstantin zurück[195]. Der kirchlicherseits offenbar besonders unterstützte Versuch, den Juden den Besitz nichtjüdischer/christlicher Sklaven generell zu untersagen, blieb dagegen erfolglos. Ziel der kaiserlichen Gesetzgebung war dabei, zu unterbinden, daß die Juden die Situation der ihrer Gewalt unterworfenen Sklaven dazu nutzten, diese zum Judentum zu bekehren.

Dem in c. 16 von Mâcon ausgesprochenen Verbot, daß ein Christ nicht Judensklave sein dürfe, könnte die „*Interpretatio*“ zu Cod. Theod. / Brev. Alar. 3.1.5 als Vorbild gedient haben, die ebenfalls ein generelles Besitzverbot christlicher Sklaven für Juden enthält[196]. Für diese Vermutung dürfte ferner

[193] Theod. II., Nov. 3 (= Brev. Alar. 3): „*His adicimus, quicumque servum seu ingenuum, invitum vel suasione plectanda, ex cultu Christianae religionis in nefandam sectam ritumve transduxerit, cum dispendio fortunarum capite puniendum ... Cernat praeterea bona sua proscripta poenae mox sanguinis destinandus qui fidem alterius expugnavit perversa doctrina ...*“, edd. MOMMSEN / MEYER / KRÜGER, Vol. II, S. 8f. – „*Dem fügen wir hinzu: wer auch immer einen Sklaven oder Freien gegen seinen Willen oder durch strafwürdige Überredung von der Praktizierung der christlichen Religion zu einer gottlosen Sekte oder zu einem gottlosen Ritus gebracht hat, der ist mit der Todestrafe nebst Vermögensverlust zu bestrafen. ... Ferner soll erleben, daß sein Vermögen enteignet und er alsbald zum Tode verurteilt wird, wer einen Gläubigen zu seiner verkehrten Lehre bekehrt hat*“, SCHRECKENBERG, a.a.O., S. 371.

„*INTERPRETATIO. Hoc etiam specialiter in hac lege conprehensum est, ut nullus Iudaeus servum aut ingenuum Christianum audeat quacumque persuasione in suam legem transferre. Quod si fecerit, amissis facultatibus capite puniatur*“, edd. MOMMSEN / MEYER / KRÜGER, Vol. II, S. 11. – „*Unter diesem Gesetz wird aber insbesondere verstanden, daß kein Jude einen Sklaven oder Freien durch irgendwelche Überredung zu seinem Gesetze überzuführen wage. Wenn er es gethan haben wird, soll er unter Verlust des Vermögens kapital gestraft werden*“, CONRAT, a.a.O., S. 156.

[194] LANGENFELD, a.a.O., S. 104.

[195] Ebd., S. 105.

[196] S. oben S. 64.

der Umstand sprechen, daß sowohl der Konzilskanon wie Cod. Theod. / Brev. Alar. 3.1.5 den Loskauf christlicher Judensklaven anordnen, der sonst von keinem der römischen Gesetze erwähnt wird. Diese letztgenannte Verfügung dürfte ebenso bereits als Vorlage für den c. 30 von Orléans IV gedient haben, der ja ebenfalls die Zahlung eines *„iustum pretium"* für den christlichen Judensklaven vorsieht, der sich in den Schutz der Kirche oder christlicher Glaubensgenossen begeben hat. Daß das in der *„Interpretatio"* zu Cod. Theod. / Brev. Alar. 3.1.5 verfügte Besitzverbot christlicher Sklaven für Juden eigentlich auf unsicheren Füßen stand, da es, wie wir gesehen hatten, auf einer Interpolation beruhte, dürfte den Konzilsvätern von Mâcon wohl kaum noch bewußt gewesen sein. Deshalb konnte der Nachricht des Eusebius, bereits der Kaiser Konstantin habe den Juden den Besitz christlicher Sklaven untersagt, zusätzlich an Gewicht gewinnen, wofür auch spricht, daß die Konzilsväter für die Bestimmungen des c. 16 von Mâcon die gleiche Begründung geben wie Eusebius in der Vita Constantini.

Nicht zuzustimmen vermögen wir indes LOTTERS Ansicht, daß der c. 16 von Mâcon *„einen Einfluß der justinianischen Gesetzgebung"* verrate[197]. Zwar enthalten die beiden einschlägigen Verfügungen des Cod. Just. jeweils ein generelles Besitzverbot christlicher Sklaven für Juden. Im Gegensatz zu c. 16 von Mâcon kennen sie aber kein Loskaufgebot, vielmehr ordnet Cod. Just. 1.3.54(56) die entschädigungslose Freilassung christlicher Judensklaven an[198].

[197] Entwicklung des Judenrechts, S. 50.

[198] Cod. Just. 1.3.54(56): *„His ita dispositis repetita lege iubemus, ut nullus Iudaeus vel paganus vel haereticus servos Christianos habeat. Quod si inventi in tali reatu fuerint, sancimus servos modis omnibus liberos esse secundum anteriorem nostrarum legum tenorem. In praesenti autem hoc amplius decernimus, ut, si quis de praedictis Iudaeis vel paganis vel haereticis habuerit servos nondum catholicae fidei sanctissimis mysteriis imbutos, et praedicti servi desideraverint ad orthodoxam fidem venire, postquam catholicae ecclesiae sociati fuerint, in libertatem modis omnibus ex praesenti lege eripiantur: et eos tam iudices provinciarum quam sacrosanctae ecclesiae defensores nec non beatissimi episcopi defendant, nihil pro eorum pretio penitus accipientibus dominis. Quod si forte posthac etiam ipsi domini eorum ad orthodoxam fidem conversi fuerint, non liceat eis ad servitutem reducere illos, qui eos ad fidem orthodoxam praecesserunt: sed si quis talia usurpaverit, poenis gravissimis subiacebit"*, ed. KRÜGER, S. 38. – *„Nachdem Wir nun dieses verordnet, befehlen Wir aufs Neue, dass kein Jude, Heide oder Ketzer christliche Sclaven haben soll. Wenn sie sich aber dennoch dieses Verbrechens erweislich schuldig gemacht haben, so befehlen Wir, dass die Sclaven, nach Inhalt Unserer früheren Gesetze, vollständig frei sein sollen. In gegenwärtiger Verordnung aber bestimmen Wir noch ferner, dass, wenn einer der vorerwähnten Juden, Heiden oder Ketzer Sclaven hat, welche in die hochheiligen Geheimnisse der katholischen Kirche noch nicht eingeweiht sind, jedoch den Wunsch hegen, sich zu dem wahren Glauben zu*

Im Gegensatz zu c. 14(13) von Orléans III und c. 30 von Orléans IV, die ganz allgemein von den christlichen Judensklaven sprechen (– „*De mancipiis Christianis, quae in Iudaeorum seruitio ditenentur*" / „*De mancipiis Christianis quae apud Iudaeis sunt*" –) handelt der c. 16 „*de Christianis, qui aut captiuitatis incursu aut quibuscumque fraudibus Iudaeorum seruitio inplicantur,*" präzisiert also durch die in dem Relativsatz genannten Gründe seinen Gegenstand.

Während nicht erkennbar ist, worauf die Konzilsväter mit den Betrügereien, durch die „*Christiani*" in die Sklaverei der Juden verstrickt wurden, im einzelnen anspielen[199], dürfte der erstgenannte Grund (– die Kriegsgefangenschaft –) fraglos mit der damaligen inneren Situation des Merowingerreiches in Verbindung stehen, das nach dem Tod Childeberts I., der als letzter Überlebender der Chlodwigsöhne das Reich von 558-561 allein regiert hatte, in ein Chaos langandauernder „*bella civilia*" stürzte[200]. Damit liefert der c. 16 von

bekehren, diese letzteren, nach ihrer Aufnahme in die katholische Kirche, kraft gegenwärtigen Gesetzes ihre vollständige Freiheit gewinnen und von den Statthaltern der Provinzen, von den Vertretern der hochheiligen Kirchen und den gottseligen Bischöfen darin beschützt werden sollen, ohne dass ihre Herren irgend einen Preis dafür verlangen können. Sollten sich aber vielleicht späterhin die Herren dieser Sclaven selbst zum wahren Glauben gewendet haben, so soll es ihnen nicht gestattet sein, Diejenigen wieder zu Sclaven zu machen, die ihnen in dem Bekenntnisse des wahren Glaubens vorangegangen sind. Wenn sich aber dennoch Jemand dieses anmasst, so wird er mit den härtesten Strafen belegt werden." Übersetzung von B. SCHILLING, Das Corpus Iuris Civilis in Deutsche übersetzt von einem Vereine Rechtsgelehrter u. hrsg. von C.E. Otto / B. Schilling, Bd. 5, Leipzig 1832, S. 106f. – Vgl. auch die Übersetzung von LINDER, The Jews in Roman Imperial Legislation, S. 379.

Nov. 37: „*Iudaeis insuper denegamus servos habere Christianos, quod et legibus anterioribus cavetur et nobis cordi est illibatum custodire, ut neque servos orthodoxae religionis habeant neque, si forte catechumenos accipiant, eos audeant circumcidere*", ed. SCHÖLL / KROLL, S. 245. – „*Überdies verweigern Wir den Juden, christliche Dienstboten zu haben, was schon in den früheren Gesetzen untersagt worden, und im Betreff dessen auch Uns daran gelegen ist, dass darüber unverbrüchlich gehalten werde, so dass sie weder Dienstboten, die sich zur rechtgläubigen Religion bekennen, halten, noch, wenn sie etwa Catechumenen bekommen, dieselben beschneiden sollen.*" Übersetzung von C.F. FREIESLEBEN, Das Corpus Juris Civilis ins Deutsche übersetzt von einem Vereine Rechtsgelehrter, hrsg. von C.E. Otto / B. Schilling, Bd. 7: Novellen, Erste bis Siebzigste, Leipzig 1833, S. 242. – Vgl. auch die Übersetzung von LINDER, The Jews in Roman Imperial Legislation, S. 386.

199 PARKES gibt für seine, a.a.O., S. 329, vorgeschlagene Übersetzung „*Jewish fraud*" keine Begründung. Der Inhalt des c. 16, der sich ja mit dem Problem der christlichen Judensklaven befaßt, spricht aber gegen die Deutung.

200 Vgl. dazu EWIG, Die Merowinger und das Frankenreich, S. 41-47.

Mâcon (– wie bereits der c. 33(30) von Orléans III[201] –) erneut einen anschaulichen Beleg dafür, daß die konziliare Gesetzgebung der Merowingerzeit in Reaktion auf aktuell auftretende Probleme entstand.

Bei den in c. 16 bezeichneten Personen konnte es sich sowohl um bereits vor ihrer Gefangennahme im Sklavenstand befindliche als auch um bis zur ihrer Gefangennahme freie Christen handeln. So wie die Versklavung von Kriegsgefangenen eine der selbstverständlichen Praktiken der damaligen Kriegsführung war[202], die umso profitabler war, wenn man für den Gefangenen ein Lösegeld erzielen konnte, das seinen Wert auf dem Sklavenmarkt überstieg[203], so zählte der Loskauf („*redemptio*") infolge von Krieg in die Sklaverei geratener Personen zu den vornehmsten Aufgaben der Kirche[204], die in den Viten

201 S. oben S. 37.

202 VERLINDEN, a.a.O., S. 663: „*Cependant, il semble certain qu'aux hautes époques où elles* (sc. les lois germaniques) *furent rédigées, la guerre était toujours la principale des raisons pour lesquelles les hommes perdaient la liberté*". „*Il est évident que cela* (sc. Versklavung infolge Kriegsgefangenschaft) *dût être encore assez fréquemment le cas à l'intérieur même de la France mérovingienne à cause de la division du territoire en plusieurs royaumes; mais, néanmoins, on peut admettre qu'à mesure que se consolidait et s'unifiait la puissance franque, l'esclave dut être de plus en plus un étranger, quelqu'un qui n'était pas né sur le sol de la Gaule. A vrai dire, les exemples que nous avons cités en sens contraire, bien qu'empruntés en partie à des sources tardives, se rapportent aux guerres qui opposèrent entre eux les successeurs de Clovis*", ebd., S. 666f. – PH. CONTAMINE, La guerre au Moyen Age, Paris 1980, S. 421f.: „*Si les massacres de prisonniers, païens mais aussi chrétiens, sont fréquemment attestés, et parfois sur une vaste échelle, pendant tout le haut Moyen Age, la réduction en esclavage des vaincus fut longtemps considérée comme normale. ... La guerre explique pour une bonne part l'importance numérique de la population servile*". – DERS., Art. Kriegsgefangene I. Allgemein und westliches Europa, in: LexMa, Bd. V (1991), Sp. 1528, betont aber, daß „*Die seit der Merowingerzeit deutl. hervortretende Abkehr von der antiken Praxis, K. in großer Zahl zu Sklaven zu machen, einer der Hauptgründe für den Prozeß des Rückgangs und allmähl. Verschwindens der Sklaverei* (ist). *Die Ursachen sind wirtschaftl. (Rückgang der mit Sklavenarbeit betriebenen Großdomänen) und religiöser Natur (Christianisierung). Sofern die Besiegten nicht getötet wurden, erlangten sie früher oder später ihre Freiheit zurück, meist durch Entrichtung eines hohen Freikaufbetrages*".

203 Vgl. W. KLINGSHIRN, Charity and Power: Caesarius of Arles and the Ransoming of Captives in Sub-Roman Gaul, in: The Journal of Roman Studies 75 (1985), S. 184.

204 KLINGSHIRN, der, a.a.O., S. 184f., den römisch-rechtlichen und patristischen Wurzeln des Gefangenenloskaufes nachgeht, gelangt zu dem Ergebnis: „*By the fifth century, there had been long common agreement that the ransoming of captives was one of the bishop's foremost responsiblities. The subject thus became a topos for episcopal panegyric, whether epigraphic or literary, all the more powerful for being backed up by episcopal practice. Local conciliar and papal support for the practice added to its prestige. As a result, the ransoming of captives became an integral ingredient of episcopal self-definition*" (S. 185).

der Äbte und Bischöfe der Merowingerzeit zu einem hagiographischen Topos wurde[205].

Das bereits aus der frühen römischen Geschichte bekannte „*ius postliminii*" war im Verlauf seiner Entwicklung verschiedenen Veränderungen unterworfen. Ursprünglich erlangte ein römischer Bürger, der aus der Gefangenschaft losgekauft wurde, nach Rückkehr auf den römischen Boden den Rechtsstatus zurück, den er wegen seiner infolge Gefangennahme erfolgten Versklavung verloren hatte. War das Geld für seinen Loskauf geliehen worden, so bestand anfangs lediglich eine moralische Rückzahlungspflicht. Im ersten nachchristlichen Jahrhundert konnte eine geliehene Loskaufsumme aber offensichtlich bereits gerichtlich eingeklagt werden. Seit dem 2. Jahrhunderts geriet der „*redemptus*" in eine Art Schuldknechtschaft bei seinem „*redemptor*", wenn er die für ihn aufgebrachte Loskaufsumme nicht zurückerstatten konnte[206]. Diese Regelung wurde letztmalig in einem Dekret des Kaisers Honorius vom 10.12.408 grundsätzlich bestätigt, die durch die Const. Sirmond. 16 überliefert ist und in verkürzter Form auch in den Cod. Theod. (5.7.2) und in das Brev. Alar. (5.5.2) übernommen wurde. Das Dekret begrenzt die Schuldknechtschaft für den nicht zahlungsfähigen „*redemptus*" auf fünf Jahre, wobei seitens der „*redemptores*" angesichts der Hinfälligkeit des menschlichen Lebens die Länge dieses Zeitraumes ebenso zu bedenken sei wie der göttliche Lohn für Taten der Barmherzigkeit. Hinter dieser Begründung wird der Einfluß christlichen Gedankengutes erkennbar[207]. Die Überwachung der verordneten

[205] VERLINDEN, a.a.O., S. 664: „*Les* Vitae *des saintes évêques et abbés de notre époque abondent en épisodes où il est question du rachat de captifs*". „*Dans d'autres récits cependant, les épisodes concernant les rachats constituent un thème presque obligatoire. On a l'impression que les hagiographes considèrent que les vertus de leur saint ne seraient pas complètes, s'ils ne pouvaient fournir quelques preuves de ses mérits à cet égard*", ebd., S. 665f. – Vgl. auch H. NEHLSEN, Sklavenrecht zwischen Antike und Mittelalter. Germanisches und römisches Recht in den germanischen Rechtsaufzeichnungen. I. Ostgoten, Westgoten, Franken, Langobarden, Göttingen-Frankfurt-Zürich 1972, S. 262f., der betont, daß „*diese topisch gebundenen Quellen als Zeugnisse für den Einzelfall gar nicht oder nur mit erheblichen Vorbehalten zu verwenden* (sind), *in ihrer Gesamtheit ... aber eindrucksvoll* (belegen), *daß die Gefangennahme und Versklavung von Freien in der Merowingerzeit ein zentrales Problem darstellten*", S. 263. S. ferner die grundlegende Arbeit von F. GRAUS, Die Gewalt bei den Anfängen des Feudalismus und die „Gefangenenbefreiungen" der merowingischen Hagiographie, in: Jahrbuch für Wirtschaftsgeschichte 1 (1961), S. 61–156.

[206] Vgl. Vgl. E. LEVY, Captivus Redemptus, in: Classical Philology 38 (1943), S. 159ff.

[207] Vgl. LEVY, a.a.O., S. 172.

Bestimmungen wurde den Bischöfen übertragen[208]. Eine Änderung der römischen Gesetzgebung bezüglich des Gefangenenloskaufes erfolgte erst unter

[208] *„Punitis auctoribus mali publici laesorum quidem dolori dedimus ultionem, sed provincialibus nostris libertatis restituendae festinatione sentimus uno eodemque tempore armis et legibus consulendum. Hinc denique bellorum curis mixta ratio et salubris constitutio admonuit faciendum, ut diversarum homines provinciarum cuiuslibet sexus condicionis aetatis, quos barbaricae feritatis discursus captiva necessitate transduxerat, invitos nemo retineat, sed ad propria redire cupientibus libera sit facultas. Quibus si quicquam in usum recuperandarum virium vestium vel alimoniae dicatur inpensum, humanitati sit praestitum, nec maculet boni facti gloriam avara victualis sumptus repetitio, cum forsitan alimoniae istius mercedes operarum reddiderit conpensatio. Quod in examen venire non patimur, ne ad propria redire cupientes indecoris contentionibus retardentur: exceptis his, quos quis barbaris vendentibus emisse docebitur, a quibus status sui pretium propter utilitatem publicam emptoribus aequum est redhiberi: ne ingentis damni consideratio in tali necessitate positis negari faciat emptionem, et inveniamur, quorum libertati consuli voluimus, saluti potius obfuisse. Hos decet aut datum pro se pretium emptoribus restituere, aut labore, obsequio vel opere quinquennii vicem referre beneficii, habituros incolumen, si in ea nati sunt, libertatem. Nec honestas emptoribus quinquennii tempus ad conpensationem maioris forsitan pretii datum ingemiscat exiguum, quia humanae vitae fragilitas forte intra metas potest temporis constituti deficere nec ad legis beneficium pervenire. Credant saltim perditum casibus, quod humanitate detulerint, licet humana misericordia deo iudice quod alteri tribuit, sibi praestet. Quapropter servata definitione legis, cuius moderationem placere non dubium est, reddantur sedibus propriis, quibus iure postliminii et veterum responsis prudentium incolumia cuncta servata sunt. Quam sanctionem adeo volumus custodiri, ut, si quisquam temeritate sacrilega praeceptis fuerit conatus obsistere, actor et conductor procuratorque, qui ad tuendam absentis domini possessionem esse detegitur, dari se metallo aut poenam deportationis non ambigat subiturum. Si vero possessionis dominus contra mansuetudinis nostrae salubre constitutum venire temptaverit, rem suam fisco noverit vindicandam seque per rectoris provinciae sententiam deportandum. Et ut facilis exsecutio proveniat imperatis, Christianae sacerdotes, vicinorum et proximorum locorum ecclesias retinentes, quorum moribus congruit affectus talium praeceptorum, curiales quoque proximarum civitatum placuit admoneri, ut emergentibus talium necessitatum causis adeant iudices legis nostrae auxilium petituri. Et ne quis contumaciae suae culpam praecepti ignoratione tueatur, Theodore parens carissime adque amantissime, inlustris magnificentia tua legis tenorem litteris suis edictisque propositis ad omnium iudicum et provincialium notitiam faciet pervenire, ita ut noverint rectores universi decem libras auri a se et tantundem ponderis a suis apparitoribus exigendum, si quod praeceptum est, in gratiam cuiuspiam neglectum esse doceatur: cum saluberrimae sanctionis exsecutionem deferri ab omnibus quidem, sed iudicum maxime et officiorum cura obsequioque iubemus“*, ed. MOMMSEN / MEYER / KRÜGER, Vol. I,2, S. 920f. – *„When the authors of public misfortune were punished, We obtained vengeance for the sufferings of the injured, but We realize that, by hastening the restoration of freedom, We must make wise provision at one and the same time, by arms and by the laws, for Our privincials. Hence, finally, reason mingled with the cares of wars,*

and Our salutary constitution admonish that a regulation must be made to the effect that no one shall detain against their will persons of different provinces, of whatever sex, status ,or age, who have been led away by an incursion of barabarian savagery under the compulsion of captivity, but those who desire to return to their own homes shall have the unrestricted right to do so. If it should be said that there has been any expenditure for clothing or food, for the purpose of recovering the strength of such persons, it shall be furnished for the sake of humanity, and no greedy suit for recovery of any expenditure for food shall mar the glory of a good deed, when perhaps the compensation of services has restored payment for such subsistence. We do not permit such a case to come into court, lest persons who desire to return to their own homes may be delayed by unseemly contentions. But exception shall be made in the case of those persons who are proved to have been purchased from barbarian vendors; for it is equitable that because of the public welfare the price that had been paid for the recovery of their status shall be restored by them to their purchasers, in oder that the consideration of a great loss may never cause the purchase of those who are placed in such an exigency to be refused, and in order that We may not be found rather to have prejudiced the safety of those persons for whose freedom We wished to make wise provision. It is fitting that such persons should either restore their purchase price to the purchasers or should render recompense for the favor by their labor, subservience, or services during a period of five years, and then they shall have their freedom unimpaired, if they were born in that condition. Such honorable purchasers shall not deplore that the period of five years of service is meagre which has been given to them as compensation for a price that was, perhaps, greater, because the frailty of human life can perchance fail within the limits of the prescribed time and not attain the benefit of the law. They may, indeed, believe that they have lost by chance what they conferred out of their humanity, although in the sight of God human compassion bestows upon itself whatever it has given to another. Wherefore the regulation of the law, whose moderation is doubtless pleasing, shall be observed; they shall be returned to their own homes, and everything is preserved for them in accordance with the right of postlilimium and the responses of the ancient jurisprudents. It is Our will that this sanction shall be so observed that if any overseer, chief tenant, or procurator who is discovered to be present for the purpose of protecting the landholding of his absent master should attempt with rash and sacrilegious lawlessness to resist these regulations, he shall not doubt that he will be consigned to the mines or that he will undergo the penalty of deportation. If the owner of a landholding should attempt to contravene the salutary constitution of Our Clemency, he shall know that his property will be vindicated to the fisc and that he will be deported through the sentence of the governor of the province. In order that the execution of these commands may proceed easily, it is Our pleasure that the Christian priests who hold the churches of the neighboring and nearest localities, since the execution of such commands is in harmony with their character, and also the decurions of the nearest municipalities shall be admonished that when cases of such necessity arise, they shall approach the judges and shall petition them for the assistance of Our law. In order that no person may defend the fault of his own contumacy because of ignorance of Our regulation, O Theodorus, dearest and most beloved father, Your Illustrious Magnificence, by posting your letters and edicts, shall cause the tenor of the law to the knowledge of all judges and provincials. Thus all govenors shall know

Justinian[209], die aber die merowingisch-fränkischen Verhältnisse nicht beeinflußt hat[210].

Daneben hatte sich eine christliche Praxis des Gefangenenloskaufes entwickelt, die etwa Cyprian von Carthago mit der christlichen *„caritas“* und *„fides“* begründet und Ambrosius von Mailand als die höchste Form der *„liberalitas“* bezeichnet hatte. In der Bereitstellung von Mitteln für den Gefangenenloskauf sah Augustinus eine besondere Form des Almosengebens. Der wegen seiner Verdienste um den Loskauf von Gefangenen der Kriege zwischen Goten, Franken und Burgundern zu Beginn des 6. Jahrhunderts besonders berühmte Bischof Caesarius verteidigte die Verwendung des Vermögens der Kirche von Arles für diesen Zweck damit, daß Christus zur Erlösung der Menschen sein Leben hingegeben habe und der Gefangenenloskauf den wahren Tempel Gottes aufbaue; jeder Gefange sei ein geistbegabter Mensch und von Christi Blut losgekauft (*„rationabilis homo sanguine Christi redemptus“*) und durch den Loskauf würden Gefangene von der Sklaverei wie auch von der Gefahr befreit, sich dem arianischen oder jüdischen Glauben anschließen zu müssen. Eine Rückerstattung der Loskaufsumme war dabei nicht vorgesehen[211]. Der Gefangenenloskauf galt allgemein als Christenpflicht. *„Freilich handelten,“* wie ARNOLD ANGENENDT richtig bemerkt, *„nicht alle so generös wie der Bischof von Arles“*[212]. Wie wir bereits gesehen hatten, war der Losgekaufte nach dem herkömmlichen Recht seinem Befreier zur Rückzahlung des Lösegeldes verpflichtet oder geriet bei Zahlungsunfähigkeit in dessen Abhängigkeit. Es liegen Zeugnisse dafür vor, daß auch von der Kirche Freigekaufte zu hörigen Dienstleuten gemacht wurden[213].

that ten pounds of gold will be exacted from them, and a like amount from their apparitors, if it should be proved that out of favoritism to any person they have disregarded the command that has been given. For We order that the execution of this most salutary sanction shall be secured by all men, but especially by the care and obedience of the judges and their staffs“, PHARR, a.a.O., S. 486.

209 Vgl. LEVY, a.a.O., S. 171ff.

210 Ein solcher Einfluß ist allerdings nicht auszuschließen auf den c. 25 des Konzils von Clichy (626/27), der wie die justinianischen Gesetze (Cod. Iust. 1.2.21 von 529; Nov. 65 von 538 und Nov. 120.10 von 544) eine Veräußerung von Kirchengut zum Zwecke des Gefangenenloskaufes gestattete.

211 Vgl. KLINGSHIRN, a.a.O., S. 184–187, 189–192. Das Zitat in Vita Caesarii I,32 ed. B. KRUSCH, M.G.H. SS rer. Merov. III, S. 469. Vgl. ferner LEVY, a.a.O., S. 171f.

212 A. ANGENENDT, Das Frühmittelalter. Die abendländische Kirche von 400 bis 900, Stuttgart-Berlin-Köln 1990, S. 137.

213 Die einschlägigen Fälle sind zusammengestellt bei KLINGSHIRN, a.a.O., S. 201. – A. ERLER, Der Loskauf Gefangener. Ein Rechtsproblem seit drei Jahrtausenden, Berlin 1978, (– eine anregende Studie, die das Problem in dem für unsere Untersuchung relevanten Zeitraum nur gelegentlich streift –) verdanken wir den

Man wird folglich einen Einfluß der sowohl durch römisch-rechtliche Traditionen wie kirchliches Gedankengut geprägten Praxis des Gefangenenloskaufes auf die Bestimmungen des c. 16 von Mâcon kaum ausschließen können.

Der Widerstand gegen den Loskauf christlicher Sklaven seitens der Juden, von dem wir aus dem c. 16 erfahren, sei nach Ansicht von BLUMENKRANZ eine Folge des von den Konzilsvätern einseitig und willkürlich festgesetzten Loskaufpreises von zwölf Solidi gewesen[214]. Dazu ist zu bemerken, daß die Klagen wegen der Weigerung der Juden, Christen gegen Entschädigungszahlung aus der Sklaverei zu entlassen, sich nicht auf die erst in Mâcon erlassenen Bestimmungen beziehen konnten, sondern auf Verstößen gegen bereits erfolgte Verfügungen wie den c. 30 von Orléans IV beruhten[215]. Nachdrücklich zu

Hinweis auf Formulae Avernenses 5: Redempturia, ed. K. ZEUMER, M.G.H. Leg Sect. IV, S. 31. Die aus der Auvergne stammende Sammlung, die H. BRUNNER, Deutsche Rechtsgeschichte, Bd. 1, 2. Aufl., Leipzig 1906 (Neudr. 1961), S. 580, zufolge erst dem 8. Jahrhundert angehört, kennt die Schuldknechtschaft für den „*redemptus*" ebenfalls. – Auf diese „*zwiespältige Haltung der Kirche*" hat bereits NEHLSEN, a.a.O., S. 262, hingewiesen, die, wie er richtig feststellt, aus den widerstrebenden Zielen resultierte, einerseits den „*außerordenlich großen Sklavenbestand der Kirche*" zu sichern und andererseits „*Gefangenen das Schicksal dauernder Sklaverei zu ersparen*".

214 „*Le canon parle de l'insolence des Juifs qui les pousse à refuser le rachat, et il fixe le prix pour ce rachat qu'il déclare désormais obligatoire. Il y a bien des chances pour que la discussion soulevée par les Juifs ait porté sur le prix de rachat, fixé unilatéralement, arbitrairement*", BLUMENKRANZ, Juifs et chrétiens, S. 190.

215 Auch der Ansicht von PARKES, a.a.O., S. 328f., kann man nicht beipflichten: „*The bishops at Macon took their stand on previous legislation by which Jews were compelled to sell Christian slaves whom they had illtreated, if a Christian purchaser could be found. ...they* (sc. the bishops) *expressed their astonishment at hearing that in some cities the insolence of the Jews was such that they refused to sell their slaves even when Christian purchasers offered the price. Legally, however, the Jew was in his rights in refusing such a sale unless ill-treatment could be proved; since it is a fair presumption that later conciliar enactments overrode those of the original Theodosian Code when they dealt with the same subject, and the councils of Orleans only dealt with cases of ill-treatment. But the council of Macon extended this compulsory sale to all cases of Jewish ownership of Christian slaves ...*" Die Argumentation von PARKES steht und fällt mit Behauptung, das dritte und vierte Konzil von Orléans hätten „*ill-treatment*" zur Bedingung für den Zwangsverkauf christlicher Judensklaven gemacht. Davon ist aber weder in c. 14(13) von Orléans III noch in c. 30 von Orléans IV die Rede. Ersterer verfügt nämlich, wie wir gezeigt haben, nicht einen Zwangsverkauf der christlichen Judensklaven, sondern eine seitens des jüdischen Sklavenhalters zu leistende Zahlung für die Verletzung genau festgelegter Rechte seiner christlichen Sklaven, während c. 30 zufolge allein die Flucht in das Kirchenasyl beziehungsweise der seitens des Sklaven geäußerte

betonen ist ferner, daß es sich bei den zwölf Solidi nicht um einen Einheitspreis[216], sondern um den Preis für einen *„beliebigen guten Sklaven"*, also für einen Sklaven durchschnittlicher Qualität, handelte. Der Preis für Sklaven schwankte damals ausweislich der Quellen je nach Qualifikation und Funktion zwischen zwölf und 25 Solidi[217]. Neben der in zwei Fällen ausdrücklich belegten Zahlung von zwölf Solidi für die Auslösung von Christen aus der Gefangenschaft[218] wurden in einem anderen überlieferten Fall für sechs

Wunsch, nicht mehr einem Juden dienen zu wollen, für einen Loskauf aus der Sklaverei ausreichen.

216 Wiederum trifft PARKES, demzufolge, a.a.O., S. 329, „... *the council of Macon ... fixed a general price of twelve solidi for such a sale ...*", den Sachverhalt nicht.

217 Die Belege verzeichnet D. CLAUDE, Zu Fragen der merowingischen Geldgeschichte, in: Vierteljahresschrift für Sozial- und Wirtschaftsgeschichte 48 (1961), S. 239. Vgl. auch NEHLSEN, a.a.O., S. 261.

218 Den ersten Fall überliefert die im 8. Jahrhundert verfaßte Vita des Abtes Fidolus von Troyes, der beim Einfall Theuderichs I. in die Auvergne (ca. 525) mit vielen anderen in Gefangenschaft geriet und vom damaligen Abt von Troyes, Aventinus, für zwölf Solidi losgekauft wurde. *„Is* (sc. Fidolus) *itaque ex Avernis urbi incola, ad Theodorico quondam rege agmina Francorum impetu iuvenis captivitate direptus, ad privatam sedem alieno imperio omnes detractis, tamen patriae, praeelectus a Deo ad dominandum sibi in Tricassino urbis, praedestinatione divina ipsum manifestum est pervenisse. Iamque clericatus suscepto officio, in adolescentia constitutus, lacrimabiliter coactus, parentes derelinquens invitus, ibi eum divina pietas, praemissa redemptione, consistere voluit, ubi se confitendo Domino admirandis virtutibus publicaret. Eodem tempore memorabilis vir Aventinus abbas in eo loco cum suis fratribus in congregatione sancta divinis cultibus in monasterio assidue consistebat. Denique spiritualis in visu ammonicio praenuntiabat, ut captivulum Fidolum a regione exulem ad se venientem redimendum exciperet et in communi consorcio pariter collegio retineret. Vir ille, dum sepius de visione pertractaret, cernit post paululum ad ostium captivulos praeterire. Interrogat, si haberent captivolum, qui vocabatur Fidolus. Illi aiunt: ‚Domine papa, non renuimus, si vis redimere sortitum ecclesiae'. Qui misericordia motus duodecim tribuens aureos, et cupiditati satisfacit gentilium et captivitatis succurit solatium"*, Vita Fidoli abbatis Trecensis, ed. B. KRUSCH, M.G.H. SS rer. Merov. I, S. 428. Den zweiten Fall überliefert ein Brief Papst Gregors des Großen vom Dezember 593, in dem er dem Bischof Felix von Sipontum aufträgt, aus dem Vermögen seiner Kirche dem Freikäufer des Klerikers Tribunus zwölf Solidi zurückzuerstatten. *„Qualiter succurrendum sit redemptionibus captivorum, et sanctorum canonum et mundanarum legum sanctio evidenter edocuit. Quod cum omnibus notum sit, mirati sumus, ut fraternitas tua in redemptione Tribuni clerici tui praesentium latoris nulla mota misericordia subveniret. Quod ergo sponte facere distulisti, nostra saltem facere festina adhortatione commonitus, ne si quod non credimus neglegendum putaveris, incipiat tibi necessitas quod voluntas fugit imponere. Quia ita superscriptus Tribunus ab hostibus se praedatum ac duodecim solidis perhibet comparatum, ad quorum se deflet restitutionem urgeri, haec te oportet diligenter inquirere. Et si ita*

auszulösende Personen elf Pfund Silber, also pro Person 1,83 Pfund, gezahlt, die einem Gegenwert von zwölf Solidi entsprechen[219]. Von einer einseitigen und willkürlichen Festsetzung des Lösegeldes durch das Konzil von Mâcon kann also keine Rede sein.

Auch bei der in c. 16 verfügten *„licentia redimendi ad ingenuitatem seu servitutem“* handelt es sich nicht um eine in das Belieben des *„redemptor“* gestellte Verfahrensweise. Zur Freiheit konnte nur jemand losgekauft werden, der auch vor seiner Gefangennahme den Status eines Freien besessen hatte, während ein ehemaliger Sklave auch nach seinem Rückkauf im Stand der Unfreiheit blieb.

Weitere vierzig Jahre verstrichen, bevor sich 626/27 die Synode von Clichy in ihrem c. 13 erneut dem Problem zuwandte: *„Christen (sollen) an Juden oder Heiden nicht verkauft werden. Wenn ein Christ notgedrungen seine Sklaven zum Verkauf bestimmt hat, soll er sie nur einem Christen in Zahlung geben. Wenn er nämlich an Heiden oder Juden verkauft hat, soll er exkommuniziert werden und der Kauf nicht rechtmäßig sein. Wenn jedoch Juden es gewagt haben, christliche Sklaven zum Judentum bekehren zu wollen oder sie schwer gefoltert zu haben(, um dieses Ziel zu erreichen), sollen diese in die Verfügung des Fiskus überstellt werden“*[220].

est, nec eum unde pretium in se datum reddere possit habere cognoveris, superscriptos solidos de ecclesia redemptori eius restitue. Nam valde durum est, si de ecclesia cui militat remedium nullum inveniat. Omissa itaque excusatione, pretium, quod in eo datum manifesta veritate patuerit, sine aliqua mora sicut sumus praefati restitue, quatenus nec creditorem eius tempore necessitatis afflicto subvenisse paeniteat, et hic onere meroris exutus, mente libera officii sui ministerium sollicite ac competenter exhibeat“, Gregorius Felici episcopo Sipontino, ed. P. EWALD / L.M. HARTMANN, M.G.H. Epist. I: Gregorii I papae Registrum epistolarum IV,17, S. 250.

219 Vgl. einen weiteren Brief Gregors des Großen (Ep. IX,52, ed. EWALD / HARTMANN, M.G.H. Epist. II, S. 77), aus dem wir erfahren, daß für den Freikauf zweier Kleriker und ihrer Eltern elf Pfund Silber gezahlt wurden. Laut F. W. HENNING, Die germanischen Volksrechte als wirtschafts- und sozialgeschichtliche Quelle unter besonderer Berücksichtigung der *Lex Ribvaria*, in: Studien zu den germanischen Volksrechten. Gedächtnisschrift für W. Ebel, hrsg. von G. Landwehr (Rechtshistorische Reihe, Bd. 1), Frankfurt a. M. – Bern 1982, S. 51ff., entsprach ein Solidus damals dem Gegenwert von 50 Gramm Silber; das Pfund ist mit 327,45 Gramm anzusetzen. Daraus folgt für den behandelten Fall die folgende Berechnung: (327,45 g × 11) : 50 g = 72 Solidi : 6 Personen = 12 Solidi/Person.

220 SCHRECKENBERG, a.a.O., S. 435. – *„Christiani Iudaeis et gentilibus non uendantur. Nam si quis Christianorum necessitate cogente mancipia sua Christiana elegerit uenundanda, non aliis nisi tanto Christianis expendat. Nam si paganis aut Iudaeis uendiderint, communione priuentur et emptio careat firmitatem. Iudaei uero si Christiana mancipia ad Iudaismum uocare presumserint aut grauibus tormentis adflixerint, ipsa mancipia fisci ditionibus reformentur“*, ed. DE CLERCQ, S. 294.

Keine Rede ist mehr von einem Besitzverbot christlicher Sklaven für Juden (– erst bei ihrer Bekehrung zum Judentum fallen diese an den Fiskus –), ganz im Gegenteil, die Christen fahren fort, ihre Glaubensbrüder und Glaubensschwestern in die Sklaverei der Juden zu verkaufen, anstatt sie gemäß dem kanonischen Gebot daraus loszukaufen[221].

Als letzte der merowingisch-fränkischen Bischofsversammlungen geht das Konzil von Chalon-sur-Saône von 647/53 in seinem c. 9 auf die Frage der christlichen Judensklaven ein: *„Um der* pietas *und* religio *willen müssen (christliche) Seelen von den Christen durch Loskauf aus der Fessel der Unfreiheit befreit werden. Die heilige Synode hat sich deshalb bekanntlich dafür ausgesprochen, daß kein Sklave aus dem Gebiet, das zum Reich des Herrn und Königs Chlodwig gehört, nach auswärts verkauft werden darf, damit nicht, was fern sein möge, Christensklaven durch einen solchen Handel oder die Fesseln der Unfreiheit beziehungsweise, was noch schlimmer ist, durch das Sklavenlos der Juden gebunden bleiben"*[222].

Daraus ist zu folgern, daß, wie bereits SCHRECKENBERG bemerkte, *„wenigstens außerhalb des Herrschaftsbereiches von König Chlodwig"* II., der in Neustroburgund regierte, *„der Besitz christlicher Sklaven noch gestattet war"*[223], mithin also wohl auch im austrasischen Teilreich, woraus aber (– infolge des Fehlens weiterer Informationen –) umgekehrt nicht zwingend folgt, daß im Reich Chlodwigs II. den Juden der Besitz christlicher Sklaven mit Erfolg verwehrt wurde[224].

Die Bestimmungen der Konzilien bezüglich der christlichen Judensklaven lassen mit aller Deutlichkeit erkennen, daß es dem Gesetzgeber in erster Linie

221 VERLINDEN, a.a.O. S. 676 bermerkt zu diesem Kanon: *„Les juifs qui convertiront leurs esclaves au judaïsme et les soumettront à des tortures graves – sans doute pour les y forcer – verront leurs captifs confisqués par le fisc royal; excellente mesure, évidemment, pour intéresser le pouvoir à l'application des canons conciliaires"*. – PONTAL, a.a.O., S. 225, führt aus, daß der c. 13 im Sinne Papst Gregors des Großen *„den Verkauf von Christen an Juden untersagte aber den Juden nicht, christliche Sklaven zu halten; es* (sc. das Konzil von Clichy) *schützt diese Sklaven nur vor Mißhandlungen oder vor dem Proselytismus ihrer Besitzer. Ein so später und nur teilweiser Erfolg zeigt sich indes nicht nur in Gallien. Auch der Kanon 7 des Konzils von Toledo (656) beweist, daß dort selbst Geistliche den Juden christliche Sklaven verkauften"*.

222 SCHRECKENBERG, a.a.O., S. 445. – *„Pietatis est maximae et religionis intuitus, ut a captiuitatis uinculo animae a christicolis redimantur. Vnde sancta synodus noscitur censuisse, ut nullus mancipium extra finibus uel terminibus, qui ad regnum domini Chlodouei regis pertinent, penitus non debeat venundare, ne, quod absit, per tale comercium aut captiuitatis uinculo uel, quod peius est, iudaica seruitute mancipia christiana teneantur inplicata"*, ed. DE CLERCQ, S. 305.

223 A.a.O., S. 445.

224 Vgl. BLUMENKRANZ, Juifs et Chrétiens, S, 190f.

darum zu tun war, die christlichen Sklaven den jüdischen Proselytismusbestrebungen zu entziehen[225]. Trotz des in Mâcon 583 verfügten allgemeinen Besitzverbotes christlicher Sklaven für Juden scheint aber zwischen dem angestrebten Ziel und der sozialen Wirklichkeit ein arges Mißverhältnis bestanden zu haben, so daß es sehr fraglich sein dürfte, ob die von BLUMENKRANZ befürchteten negativen rechtlichen und wirtschaftlichen Folgen, die sich aus der Gesetzgebung der merowingisch-fränkischen Konzilien für die jüdischen Besitzer christlicher Sklaven ergeben konnten, damals bereits nennenswerte Bedeutung erlangten[226]. Zwei nach dem 583 auf dem Konzil von Mâcon verfügten generellen Verbot des Besitzes christlicher Sklaven für Juden im Jahre 599 von Papst Gregor dem Großen an die Königin Brunichild und an ihre Enkel, die Könige Theuderich II. und Theudebert II., gerichtete Schreiben, in denen der Papst sein Befremden darüber ausdrückt, daß in ihrem Reich den Juden der Besitz von christlichen Sklaven gestattet sei, scheinen unsere Vermutung zu bestätigen[227]. Vielmehr drängt sich angesichts der offensichtlichen Notwendigkeit der wiederholten Beschäftigung der Konzilien mit die-

225 Vgl. BLUMENKRANZ, Die jüdisch-christliche Missionskonkurrenz, S. 229, der auf Babylon. Talmud, Pessachim 87b und Jerusalem. Talmud, Avodah Zara 1,1; Gittin 44a verweist. – S. auch den unten Anm. 227 zitierten Brief Gregors des Großen an Brunichild.

226 PARKES, a.a.O., S. 329 meinte: „*After these two canons* (sc. c. 13 von Clichy und c. 9 von Chalon-sur Saône) *we hear no more from the councils, and we hear little of Jewish possession of slaves, so that it may be considered that by thus* (d. h. durch das Verbot, christliche Sklaven an Juden beziehungsweise Gefangene ins Ausland zu verkaufen) *attacking the root of the matter, the sale of the slaves, the Gallic bishops had solved the problem which had always beaten Roman legislators*". Der Wert des von PARKES hier herangezogenen argumentum e silentio wird aber dadurch erheblich beeinträchtigt, daß die Konzilstätigkeit im Merowingerreich seit der zweiten Hälfte des 7. Jahrhunderts nahezu zum Erliegen kam. VERLINDEN, a.a.O., S. 677 urteilt: „*Dans l'ensemble, la législation conciliaire à l'égard des propriétaires d'esclaves juifs est devenue de plus en plus sévère à mesure qu'avance la période mérovingienne. Elle a, toutefois, été impuissante à excluire les juifs de la traite, ainsi que le montre leur rôle aux siècle suivants*".

227 „*Omnino praeterea ammirati sumus, ut in regno vestro Iudaeos christiana mancipia possidere permittatis. Quid enim sunt Christiani omnes nisi membra Christi? Quorum videlicet membrorum caput cuncti novimus, quia fideliter honoratis. Sed quam diversum sit, excellentia vestra perpendat, caput honorare et membra ipsius hostibus calcanda permittere. Atque ideo petimus, ut excellentiae vestre constitutio de regno suo huius pravitatis mala removeat, ut in hoc vos amplius dignas cultrices omnipotentis Domini demonstretis, quod fideles illius ab inimicis eius absolvitis*", Gregorius Brunichildae reginae, ed. EWALD / HARTMANN, M.G.H. Epist. II: Gregorii I papae Registrum epistolarum IX, 213, S. 199f. Der Brief an die beiden Könige mit fast identischem Wortlaut ebd., IX, 215, S. 203. – Vgl. dazu auch PARKES, a.a.O., S. 326, 332; ferner VERLINDEN, a.a.O., S. 672.

sem Problem die Frage nach dem Umfang der jüdischen Bekehrungsbemühungen unter ihren christlichen Sklaven auf.

BLUMENKRANZ hat darauf hingewiesen, daß der Talmud (– trotz widersprüchlicher Aussagen zum Problem des Proselytismus –) *„den Ankauf von Sklaven als ein gottgefälliges Werk betrachtet, denn dadurch lernen andere Menschen den Gott Israels kennen"*, und den Juden verbietet, *„ihre Sklaven an Heiden zu verkaufen, da dadurch diese der Möglichkeit beraubt werden, Gott zu verehren"*[228]. So habe die Halacha, wie AMNON LINDER ausführt, die *„Eigentümer nichtjüdischer Sklaven zur Durchführung verschiedener rechtlicher und ritueller Maßnahmen wie der Beschneidung männlicher Sklaven und der rituellen Taufe von Sklavinnen (verpflichtet)"*. Solchermaßen Bekehrte galten trotz ihres minderen Rechtstatus während ihres Sklavendaseins als Juden und fanden nach ihrer Freilassung Aufnahme in die jüdische Gemeinde[229]. Neben diesem religiösen hätten aber auch praktische und materielle Motive bei der Bekehrung der Sklaven zum Judentum eine Rolle gespielt, da dadurch *„der Sklave an Verwendbarkeit"* gewonnen habe. Denn infolge der strengen jüdischen Speisevorschriften war die Zubereitung der Mahlzeiten Nichtjuden nur unter ständiger Aufsicht gestattet und die Weinherstellung konnte nur in den Händen von Juden liegen[230]. Somit waren die Sklaven der Juden eine ständige Quelle für neue Konvertiten zum Judentum [231].

Das Problem, die Konversion nichtjüdischer Sklaven zum Judentum zu verhindern, das, wie wir gesehen haben, seit der Konstantinischen Wende im Rahmen des Kampfes gegen die jüdischen Proselytismusbestrebungen für den Gesetzgeber eine ganz besondere Herausforderung darstellte[232], wurde für

[228] Die jüdisch-christliche Missionskonkurrenz, S. 228. Vgl. DERS., Juifs et chrétiens, S. 184.

[229] Christlich-Jüdische Konfrontation im kirchlichen Frühmittelalter, S. 432f., der auf J.B. BAMBERGER, Proselytism in the Talmudic Period. New edition, New York 1968, bes. S. 124–132, verweist. Vgl. auch ALBERT, a.a.O., S. 10–12. Grundlegend E.E. URBACH, „The Laws regarding Slavery as a Source for Social History of the Period of the Second Temple. The Mishna and Talmud", in: J.G. Weiss (Hrsg.), Papers of Jewish Studies, London-Jerusalem 1964, S. 1–95 (Übersetzung der hebräischen Version in: Zion 25 (1960) S. 141–189), jetzt auch als Reprint, New York 1979. Vgl. ferner LINDER, The Jews in Roman Imperial Legislation, S. 82. S. auch H.H. COHN, Art. Slavery, in: Encyclopedia Judaica, Bd. 14 (1971), Sp. 1655–1660; ferner den Art. Proselytes, ebd., Bd. 13 (1971), bes. Sp. 1185.

[230] Vgl. BLUMENKRANZ, Die christlich-jüdische Missionskonkurrenz, S. 228, u. DERS., Juifs et Chrétiens, S. 184.

[231] Vgl. LINDER, The Jews in Roman Imperial Legislation, S. 82.

[232] *„It was in this area* (sc. the keeping of non-Jewish slaves) *that the Imperial authorities waged their longest and most intensive fight against conversion to Judaism. ... The idea that it was inappropriate for a Jew to rule over Christians provided the legis-*

das merowingische Frankenreich durch die Gesetzgebung der Konzilien, die die römischen Gesetze bezüglich der Sklaven der Juden nicht einfach übernahmen, sondern aus den überlieferten weltlichen und kirchlichen Gesetzen eigene Bestimmungen zusammenstellten, ganz offensichtlich nicht gelöst.

In einem 1984 veröffentlichten Überblick über die „*Entwicklung des Judenrechts im christlichen Abendland bis zu den Kreuzzügen*" gelangte FRIEDRICH LOTTER zu dem Ergebnis, daß die Judengesetzgebung der merowingisch-fränkischen Konzilien insgesamt „*noch auf dem Standpunkt des CTh*"[233] stehe. Damit wird die Ansicht von EDGAR LOENING bestätigt, der in seiner bereits 1878 erschienenen grundlegenden Abhandlung über „*Das Kirchenrecht im Reiche der Merowinger*" konstatierte: „*Die rechtliche Stellung der Juden im fränkischen Reich bestimmte sich im allgemeinen nach den in die Lex Romana Visigothorum übergegangenen Vorschriften des spätern römischen Rechts. Nur in einzelnen Punkten wurden ihnen grössere Beschränkungen auferlegt ...*"[234].

So enthalten auch die Bestimmungen der merowingisch-fränkischen Konzilien keine Beeinträchtigungen der den Juden durch das römische Recht gewährten Kultusfreiheit[235] und des auf der jüdischen Religion basierenden besonderen Rechtsstatus der Juden, wonach alle Fälle, die durch Bestimmungen des römischen Rechtes nicht geregelt waren oder in die nur Juden verwickelt waren, vor jüdischen Gerichten und Richtern verhandelt wurden, aber auch (– im römischen Recht behandelte –) zivilrechtliche Angelegenheiten, wenn die beteiligten Parteien darin übereinkamen, „*ihre Rechts-*

lator with a motive for restricting Jewish ownership of non-Jewish slaves, or for prohibiting it completely", LINDER, The Jews in Imperial Roman Legislation, S. 82.

233 A.a.O., S. 51.

234 A.a.O., S. 51.

235 Cod. Theod. 2.8.26 (= Brev. Alar. 2.8.3): „*Post alia: Die sabbata ac reliquis sub tempore, quo Iudaei cultus sui reverentiam servant, neminem aut facere a(li)quid aut ulla ex parte conveniri debere praecipimus, cum fiscalibus conmodis et litigiis privatorum constat reliquos dies posse sufficere. Et cetera.* INTERPRETATIO. *Die Sabbati nullum Iudaeorum aut pro fiscali utilitate aut pro quolibet negotio volumus conveniri, quia religionis eorum dies non debet actione aliqua perturbari*", edd. MOMMSEN / MEYER / KRÜGER, Vol. I,2, S. 89. – „*After other matters: We order, that no one shall be obliged to do anything or be summoned in any way whatsoever, on the Sabbath day or on the other days on which the Jews keep the reverence of their cult, for it is clear that the remaining days should suffice for the fiscal revenues and for private litigation. And other matters*", LINDER, The Jews in Roman Imperial Legislation, S. 265. „*INTERPRETATION. Wir wollen, dass am Tage des Sabbats keiner aus der Zahl der Juden, es sei wegen eines fiskalischen Interesses, es sei wegen eines beliebigen Geschäfts, belangt werde, weil der Tag ihrer Religion nicht durch irgendwelche Actio gestört werden darf*", CONRAT, a.a.O., S. 160.

streitigkeiten auf Grund eines formlosen Compromisses der Entscheidung ihrer Gemeindehäupter zu unterbreiten"[236].

Aufrechterhalten wurde dagegen das Konubiumverbot zwischen Juden und Christen, das Verbot der Bekleidung von öffentlichen Ämtern und besondere Beschränkungen bezüglich der christlichen Judensklaven.

Zwar begegnet das Eheverbot zwischen Angehörigen der mosaischen und christlichen Religion zuerst in kirchlichen Rechtsverordnungen und erst unter dem Einfluß der Kirche beziehungsweise der zunehmenden Verchristlichung der spätantiken Gesellschaft war es Ende des fünften Jahrhunderts Bestandteil des römischen Rechts geworden. Wenn deshalb die erste Fixierung dieses

236 LOENING, a.a.O., S. 52. – Cod. Theod. 2.1.10 (= Brev. Alar. 2.1.10): „*Iudaei Romano et communi iure viventes in his causis, quae non tam ad superstitionem eorum quam ad forum et leges ac iura pertinent, adeant solemni more iudicia omnesque Romanis legibus inferant et excipiant actiones: postremo sub legibus nostris sint. Sane si qui per conpromissum ad similitudinem arbitrorum apud Iudaeos vel patriarchas ex consensu partium in civili dumtaxat negotio putaverint litigandum, sortiri eorum iudicium iure publico non vetentur: eorum etiam sententias provinciarum iudices exequantur, tamquam ex sententia cognitoris arbitri fuerint adtributi.* INTERPRETATIO. *Iudaei omnes, qui Romani esse noscuntur, hoc solum apud religionis suae maiores agant, quod ad religionis eorum pertinet disciplinam, ita ut inter se, quae sunt Hebraeis legibus statuta, custodiant. Alia vero negotia, quae nostris legibus continentur et ad forum respiciunt, apud iudicem provinciae eo quo omnes iure confligant. Sane si apud maiores legis suae consentientes ambae partes, de solo tamen civili negotio audiri voluerint, quod interveniente compromisso arbitrali iudicio terminatur, tale sit, quasi ex praecepto iudicis fuerit definitum*", edd. MOMMSEN / MEYER / KRÜGER, Vol. I,2, S. 75f. – „*The Jews, who live under the Roman common law, shall adress the courts in the usual way in those cases which do not concern so much their superstition as court, laws and rights, and all of them shall bring actions and defend themselves under the Roman laws; in conclusion, they shall be under our laws. Certainly, if some shall deem it necessary to litigate before the Jews or the patriarchs through mutual agreement, in the manner of arbitration, with the consent of both parties and in civil matters only, they shall not be prohibited by public law from accepting their verdict; the governors of the provinces shall even execute their sentences as if they were appointed arbiters through a judge's award*", LINDER, The Jews in Roman Imperial Legislation, S. 207f. „*INTERPRETATION. Alle Juden, die als Römer gelten, sollen bei den Oberen ihrer Religion allein dies betreiben, was ihre Glaubensdisziplin angeht, derart, dass sie dasjenige, was nach den Hebräischen Gesetzen verordnet ist untereinander beobachten sollen. Dagegen sollen sie die sonstigen Geschäfte, die in unsern Gesetzen enthalten sind und auf das Forum sich beziehen, bei dem Judex provinciae nach dem gleichen Rechte wie Alle betreiben. Wenn freilich beide Parteien übereinstimmend mit Bezug auf eine blosse Civilsache, die, bei Vorhandensein eines Kompromisses, durch Schiedsspruch erledigt wird, bei den Oberen ihres Gesetzes werden haben verhandeln wollen, soll es derart sein, als wird durch Anordnung des Richters die Entscheidung getroffen gewesen sein*", CONRAT, a.a.O., S. 156f.

Eheverbotes durch ein fränkisches Konzil in Orléans 533 sich nicht an einen der vorangehenden Kanones anlehnt, sondern nahezu wörtlich der „*Interpretatio*" von Cod. Theod. 9.7.5 (= Brev. Alar. 9.4.4) folgt, so wird dadurch die Autorität, die man damals dem römischen Recht für den zu behandelnden Sachverhalt beimaß, besonders hervorgehoben.

Deutlich wird der Einfluß des römischen Rechtes auch auf das von den Konzilien verfügte Ämterverbot für Juden durch die in c. 13 von Mâcon gegebene Begründung, die übereinstimmt mit der in das Brev. Alar. übernommenen Begründung der dritten Novelle Theodosius II., und dem in Art. 10 des Edikts Chlothars II. von 614 enthalten Hinweis auf die „*lex*", d.h. das römische Recht.

Schließlich weisen auch die Verfügungen der merowingisch-fränkischen Konzilien bezüglich der christlichen Judensklaven, wie wir im einzelnen aufgezeigt haben, unübersehbare Einflüsse des spätrömischen Rechtes auf. Allerdings übernahmen die Konzilien für diesen Bereich nicht einfach bereits vorhandene Gesetze, vielmehr wurden aus den einschlägigen spätantiken Rechtsverordnungen bezüglich der Judensklaven, des kirchlichen Asylrechtes, des „*ius postliminii*" und der von der Kirche entwickelten Praxis des Gefangenenloskaufes den eigenen Bedürfnissen angemessene Verordnungen zusammengestellt.

Soweit Beziehungen zu den Juden betroffen waren, die im römischen Recht nicht behandelt worden waren, griffen die Bischöfe des Merowingerreiches auf ihren Konzilien entweder auf bereits vorliegende kanonische Bestimmungen zurück oder sie schufen (– entsprechend den Forderungen einer geänderten gesellschaftlichen Wirklichkeit –) neues Recht.

Insgesamt wird man mit LOENING feststellen dürfen, daß „*die rechtliche Lage der Juden im Frankenreich nicht schlechter als im römischen Reich*"[237] war.

Hinsichtlich der in der Lex Romana Visigothorum enthaltenen restriktiven Maßnahmen betont BERNARD BACHRACH, daß sie auf den ersten Blick zwar äußerst diskriminierend erschienen, bei genauerem Hinsehen aber als christliche Abwehrmaßnahmen zum Schutz vor den Proselytismusbestrebungen der

[237] A.a.O., S. 57. – Zustimmen kann man auch dem Urteil BATTENBERGS, Das europäische Zeitalter der Juden, Teilbd. 1, S. 47: „*So günstig die Rechtsstellung der Juden im Merowingischen Reich auch noch war, so bot sie ihnen gleichwohl auch hier keine ausreichende Garantie für eine ungestörte Existenz. Der Missionseifer der Bischöfe hielt sich zwar im allgemeinen in Grenzen, und man beschränkte sich wohl im Rahmen der Lehren Augustins auf Überzeugungsarbeit. Doch konnte die popularisierte Form der herrschenden Ideologie dennoch zu Gewalttätigkeiten und Übergriffen der Bevölkerung führen*".

Juden zu begreifen seien, denen namentlich die Sklaven der Juden ausgesetzt gewesen seien[238]. Dieses Urteil BACHRACHS darf man auf die Judengesetzgebung der merowingisch-fränkischen Konzilien ausdehnen. Dafür sprechen die Begründungen, die verschiedenen der Kanones beigegeben sind, ebenso wie einzelne Hinweise in den Kanones auf konkrete Vorgänge und Verhaltensweisen der Juden, die belegen, daß die Juden im merowingischen Frankenreich des sechsten und siebten Jahrhunderts nicht generell als eine diskriminierte, verfolgte und wehrlose Minderheit zu betrachten sind[239].

238 Early Medieval Jewish Policy in Western Europe, S. 45f.: „*The second category of legislation under which Jews received special treatment included laws dealing with proselytism and appears at first glance to be severely discriminatory. After careful examination, however, it seems more in the nature of defensive action taken by Christians to protect themselves against the proselytizing zeal of the Jews. Those most vulnerable were slaves belonging to Jews.*"

239 BATTENBERG, Das europäische Zeitalter der Juden, Teilbd. 1, S. 48f., zieht dagegen folgendes Resümee: „*Die Gesetzgebung der Zeit, auch wenn sie sich nicht überall durchsetzen konnte, spiegelt die gleiche Tendenz* (wie die der erzählenden Quellen) *wider, indem sie den Druck auf die Juden, die Taufe anzunehmen, erhöhte, die Widerspenstigen aber separierte und sozial isolierte*". Dem steht bereits LOTTERS, Entwicklung des Judenrechts, S. 50, Hinweis auf die „*oft widersprüchlichen Informationen*" in den „*Synodalakten und historiographischen Überlieferungen*" der Merowingerzeit entgegen. Abgesehen davon, daß sowohl das Ehe- wie das Ämterverbot zweifellos auch eine Schutzfunktion gegenüber dem jüdischen Proselytismus beinhalteten, so wird man nicht bestreiten können, daß sie sich in dem von BATTENBERG angedeuteten Sinn auswirken konnten. Beide Verbote bestanden aber bereits vorher, so daß man von einem erhöhten „*Druck, die Taufe anzunehmen*", nicht sprechen kann. Richtig ist hingegen die Beobachtung, daß „*die Entfernung von öffentlichen Ämtern, soweit sie Geldeinnahmen oder jurisdiktionelle Kompetenzen umfaßten, die Möglichkeit zur politischen Mitwirkung im kommunalen Leben zusammenschrumpfen* (ließ)", wobei unklar bleibt, worauf zu dieser Zeit der Begriff „*kommunal*" zu beziehen ist. Auch das Verbot der Tischgemeinschaft wertet BATTENBERG als Mittel der Separierung und sozialen Isolierung, ohne die Möglichkeit einer pastoralen Begründung überhaupt zu erwägen. Die Beschlüsse des Konzils von Mâcon, die durch Chlothar II. 614 bestätigt und 624 vom Konzil von Clichy wiederholt wurden, wertet er als „*diskriminierende Anordnungen*". Neben dem bereits behandelten Ämterverbot meint BATTENBERG, daß „*die Einschränkung der Bewegungsfreiheit an Feiertagen*" (S. 50; vorher, S. 49, spricht er richtiger davon, „*daß sich Juden in der Passions- und Osterzeit nicht unter Christen aufhalten dürften*") „*und das äußere Verhalten gegenüber der Geistlichkeit die dienende und abhängige Stellung der Juden gegenüber der christlichen Umwelt deutlich machen* (sollte)". Wie wir, oben S. 21ff., 37ff., gezeigt haben, ist dieses Urteil mit den Aussagen der einschlägigen Kanones nicht in Einklang zu bringen. Schließlich stellt BATTENBERG richtig fest, daß laut Verordnung des Konzils von Mâcon christliche Judensklaven „*von den Christen zwangsweise ausgelöst werden* (durften)" (S. 49). Der daraus (ebd.) gezogene Schluß, daß „*der Verlust eigener Sklaven die Bewirt-*

Das Ende der römischen Herrschaft in Gallien bedeutete einen weitgehenden Zusammenbruch der traditionellen Rechts- und Verwaltungsstrukturen, die in dem durch zahlose innere und äußere Kriegswirren und tiefreichende Umbrüche in Wirtschaft und Gesellschaft, Staat und Kirche belasteten Merowingerreich nur langsam aufgefangen und neu organisiert werden konnten. Daraus ergab sich einerseits für die Juden die Möglichkeit, sich über die ihnen vom Gesetz verordneten Beschränkungen hinwegzusetzen, weil es an funktionsfähigen Institutionen mangelte. Andererseits konnnte es wegen des Fehlens oder der Schwäche einer übergeordneten Kontrollinstanz zu einer Mißachtung der in den Gesetzen niedergelegten Bestimmungen zum Schutz der Juden seitens der Amtsträger kommen.

„Ständige Wiederholungen der gleichen Verordnungen können", wie LOTTER hinsichtlich der Beurteilung des Aussagewertes von Rechtsquellen

schaftung eigenen Grundbesitzes erschweren (mußte)", unterstellt, daß von der durch das Konzil von Mâcon gebotenen Möglichkeit auch in nennenswertem Umfang Gebrauch gemacht wurde. Die verfügbaren Zeugnisse deuten jedoch auf das Gegenteil hin. BATTENBERGS Ansicht, die genannten Konzilienbeschlüsse hätten zwar die *„rechtliche Stellung der Juden an sich unberührt"* gelassen, jedoch eine *„faktische Rechtsminderung bedeutet"* (S. 49), können wir uns folglich nicht anschließen. Die von den Konzilien immer wieder betonte religiöse Motivation für ihre Judengesetze nimmt BATTENERG nicht zur Kenntnis. Eine Intention, die Juden bewußt zu diskriminieren, ist bei einer unvoreingenommenen Betrachtung der Konzilienbeschlüsse jedenfalls nirgends erkennbar. Wir vermögen ebenfalls nicht zu erkennen, daß infolge der *„Gesetzgebung der fränkischen Konzilien ... das römische Bürgerrecht durch den christlichen Missionsgedanken* (überlagert wurde), *der zur Stabilisierung der Herrschaft die Integration der Juden in eine christianisierte Gesellschaftsordnung bewirken wollte"* (S. 50). Das träfe höchstens mit Blick auf das *„römische Bürgerrecht"* der Juden in vorkonstantinischer Zeit zu. Dafür, daß gerade die Konzilienbeschlüsse bezüglich der Juden zu einer Stabilisierung der Herrschaft der merowingischen Könige beigetragen haben sollen (vgl. S. 50), bleibt BATTENBERG einen Beweis ebenso schuldig wie für seine Behauptung *„viele der älteren Judengemeinden im Merowingerreich"* hätten lediglich *„auf der Basis eines Kryptojudentums"* überlebt. Zu einem völlig entgegengesetzten Ergebnis gelangte bereits BACHRACH, Early Medieval Jewish Policy in Western Europe, S. 65: *„The Jews of Gaul ... seem to have been too important and to have had too many influential friends and supporters to have been victimized successfully and in a sustained manner by barbarian monarchs who lacked the administrative sources sufficient to the task. When a powerful royal presence developed in Gaul with the Carolingian dynasty, the Jews of the* regnum Francorum *... were not a shattered remnant that had been battered by Merovingian persecution but rather an important element in a new Europe"*. – Angemerkt sei schließlich noch, daß Narbonne, wo ein 589 tagendes Konzil das Absingen von Psalmen bei jüdischen Beerdigungen untersagte, das BATTENBERG, S. 49, zusammen mit den merowingerzeitlichen fränkischen Konzilien erwähnt, damals zum Westgotenreich gehörte.

richtig betont, *„einerseits oft als absichtslose Routine, vielfach aber eher als Zeugnisse für die Aktualität und Fortdauer der inkriminierten Verhaltensweisen gewertet werden“*[240]. Daß die Verhandlungsgegenstände der merowingisch-fränkischen Synoden sich aus der religiösen und sozialen Wirklichkeit ergaben[241], wurde auch durch unsere Analyse an mehreren Stellen eindrucksvoll bestätigt. Somit darf man feststellen, daß die merowingisch-fränkischen Konzilien in ihrer Judengesetzgebung restriktive Maßnahmen zwar aufrechterhielten, diese aber eher deklamatorischen Charakter besaßen, eher eine *„intentionale Wirklichkeit“*[242] als die Rechtswirklichkeit darstellten. Die Zwangsbekehrungen, von denen die erzählenden Quellen für einige Städte und Merowingerkönige zu berichten wissen, fanden durch die Konzilien jedenfalls keine Legitimation.

240 Entwicklung des Judenrechts, S. 43.
241 Vgl. ANGENENDT, a.a.O, S. 177.
242 LOTTER, Entwicklung des Judenrechts, S. 43.

Veröffentlichungen
der Nordrhein-Westfälischen Akademie der Wissenschaften

Neuerscheinungen 1983 bis 1995

294	*Paul Mikat, Düsseldorf*	Die Polygamiefrage in der frühen Neuzeit
295	*Georg Kauffmann, Münster*	Die Macht des Bildes – Über die Ursachen der Bilderflut in der modernen Welt
		Jahresfeier am 27. Mai 1987
296	*Herbert Wiedemann, Köln*	Organverantwortung und Gesellschafterklagen in der Aktiengesellschaft
297	*Rainer Lengeler, Bonn*	Shakespeares Sonette in deutscher Übersetzung: Stefan George und Paul Celan
298	*Heinz Hürten, Eichstätt*	Der Kapp-Putsch als Wende. Über Rahmenbedingungen der Weimarer Republik seit dem Frühjahr 1920
299	*Dietrich Gerhardt, Hamburg*	Die Zeit und das Wertproblem, dargestellt an den Übertragungen V. A. Žukovskijs
300	*Bernhard Großfeld, Münster*	Unsere Sprache: Die Sicht des Juristen
301	*Otto Pöggeler, Bochum*	Philosophie und Nationalsozialismus – am Beispiel Heideggers
		Jahresfeier am 31. Mai 1989
302	*Friedrich Ohly, Münster*	Metaphern für die Sündenstufen und die Gegenwirkungen der Gnade
303	*Harald Weinrich, München*	Kleine Literaturgeschichte der Heiterkeit
304	*Albrecht Dihle, Heidelberg*	Philosophie als Lebenskunst
305	*Rüdiger Schott, Münster*	Afrikanische Erzählungen als religionsethnologische Quellen, dargestellt am Beispiel von Erzählungen der Bulsa in Nordghana
306	*Hans Rothe, Bonn*	Anton Tschechov oder Die Entartung der Kunst
307	*Arthur Th. Hatto, London*	Eine allgemeine Theorie der Heldenepik
308	*Rudolf Morsey, Speyer*	Die Deutschlandpolitik Adenauers. Alte Thesen und neue Fakten
309	*Joachim Bumke, Köln*	Geschichte der mittelalterlichen Literatur als Aufgabe
310	*Werner Sundermann, Berlin*	Der Sermon von der der Seele. Ein Literaturwerk des östlichen Manichäismus
311	*Bruno Schüller, Münster*	Überlegungen zum ‚Gewissen'
312	*Karl Dietrich Bracher, Bonn*	Betrachtungen zum Problem der Macht
313	*Klaus Stern, Köln*	Die Wiederherstellung der deutschen Einheit – Retrospektive und Perspektive
		Jahresfeier am 28. Mai 1991
314	*Rainer Lengeler, Bonn*	Shakespeares *Much Ado About Nothing* als Komödie
315	*Jean-Marie Valentin, Paris*	Französischer „Roman comique" und deutscher Schelmenroman
316	*Nikolaus Himmelmann, Bonn*	Archäologische Forschungen im Akademischen Kunstmuseum der Universität Bonn: Die griechisch-ägyptischen Beziehungen
317	*Walther Heissig, Bonn*	Oralität und Schriftlichkeit mongolischer Spielmanns-Dichtung
318	*Anthony R. Birley, Düsseldorf*	Locus virtutibus patefactus? Zum Beförderungssystem in der Hohen Kaiserzeit
319	*Günther Jakobs, Bonn*	Das Schuldprinzip
320	*Gherardo Gnoli, Rom*	Iran als religiöser Begriff im Mazdaismus
321	*Claus Vogel, Bonn*	Mīramīrāsutas Asālatiprakāśa – Ein synonymisches Wörterbuch des Sanskrit aus der Mitte des 17. Jahrhunderts
322	*Klaus Hildebrand, Bonn*	Die britische Europapolitik zwischen imperialem Mandat und innerer Reform 1856–1876
323	*Paul Mikat, Düsseldorf*	Die Inzestverbote des Dritten Konzils von Orléans (538). Ein Beitrag zur Geschichte des Fränkischen Eherechts
324	*Hans Joachim Hirsch, Köln*	Die Frage der Straffähigkeit von Personenverbänden
325	*Bernhard Großfeld, Münster*	Europäisches Wirtschaftsrecht und Europäische Integration
326	*Nikolaus Himmelmann, Bonn*	Antike zwischen Kommerz und Wissenschaft
		Jahresfeier am 8. Mai 1993
327	*Slavomír Wollman, Prag*	Die Literaturen in der österreichischen Monarchie im 19. Jahrhundert in ihrer Sonderentwicklung
328	*Rainer Lengeler, Bonn*	Literaturgeschichte in Nöten. Überlegungen zur Geschichte der englischen Literatur des 20. Jahrhunderts
329	*Annemarie Schimmel, Bonn*	Das Thema des Weges und der Reise im Islam
330	*Martin Honecker, Bonn*	Die Barmer Theologische Erklärung und ihre Wirkungsgeschichte
331	*Siegmar von Schnurbein, Frankfurt/Main*	Vom Einfluß Roms auf die Germanen
332	*Otto Pöggeler, Bochum*	Ein Ende der Geschichte? Von Hegel zu Fukuyama
333	*Niklas Luhmann, Bielefeld*	Die Realität der Massenmedien
334	*Josef Isensee, Bonn*	Das Volk als Grund der Verfassung
335	*Paul Mikat, Düsseldorf*	Die Judengesetzgebung der fränkisch-merowingischen Konzilien
336	*Bernhard Großfeld, Münster*	Bildhaftes Rechtsdenken. Recht als bejahte Ordnung
337	*Herbert Schambeck, Linz*	Das österreichische Regierungssystem. Ein Verfassungsvergleich

GPSR Compliance

The European Union's (EU) General Product Safety Regulation (GPSR) is a set of rules that requires consumer products to be safe and our obligations to ensure this.

If you have any concerns about our products, you can contact us on ProductSafety@springernature.com

In case Publisher is established outside the EU, the EU authorized representative is:

Springer Nature Customer Service Center GmbH
Europaplatz 3
69115 Heidelberg, Germany

Batch number: 10809870

Printed by Printforce, the Netherlands